Oberallgäu

MARKO ROESKE

LIEBLINGSPLÄTZE
zum Entdecken

Oberallgäu

MARKO ROESKE

KULTUR

GMEINER

Besuchen Sie uns im Internet:
www.gmeiner-verlag.de

© 2018 – Gmeiner-Verlag GmbH
Im Ehnried 5, 88605 Meßkirch
Telefon 07575/2095-0
info@gmeiner-verlag.de
Alle Rechte vorbehalten
1. Auflage 2018

Lektorat/Bildredaktion: Ricarda Dück
Satz: Julia Franze
Bildbearbeitung/Umschlaggestaltung: Benjamin Arnold
unter Verwendung der Fotos von Andreas P/Fotolia.com, Lisa S./shutterstock.com
Kartendesign: Maps4News.com
Druck: AZ Druck und Datentechnik GmbH, Kempten
Printed in Germany
ISBN 978-3-8392-2241-6

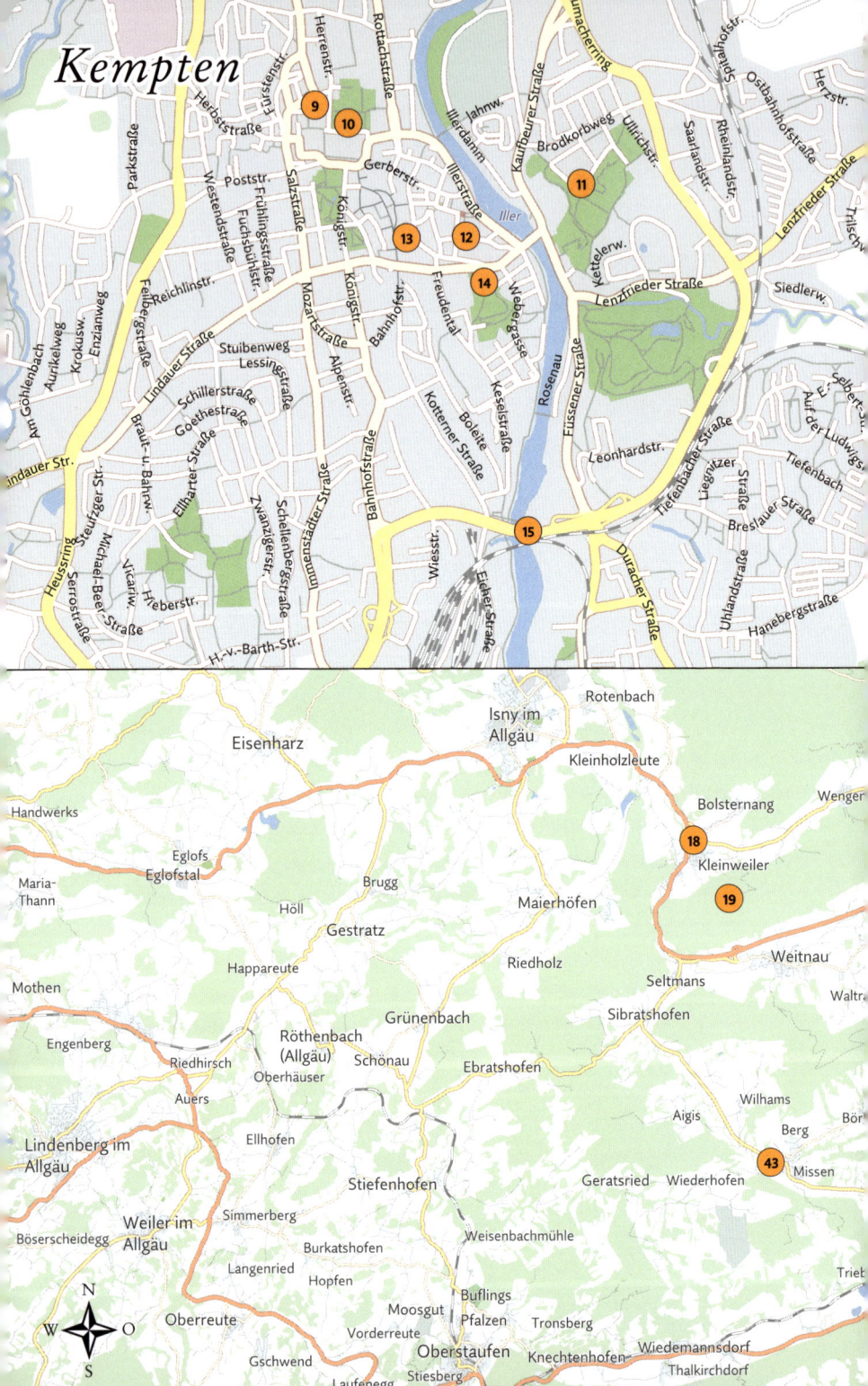

Kempten

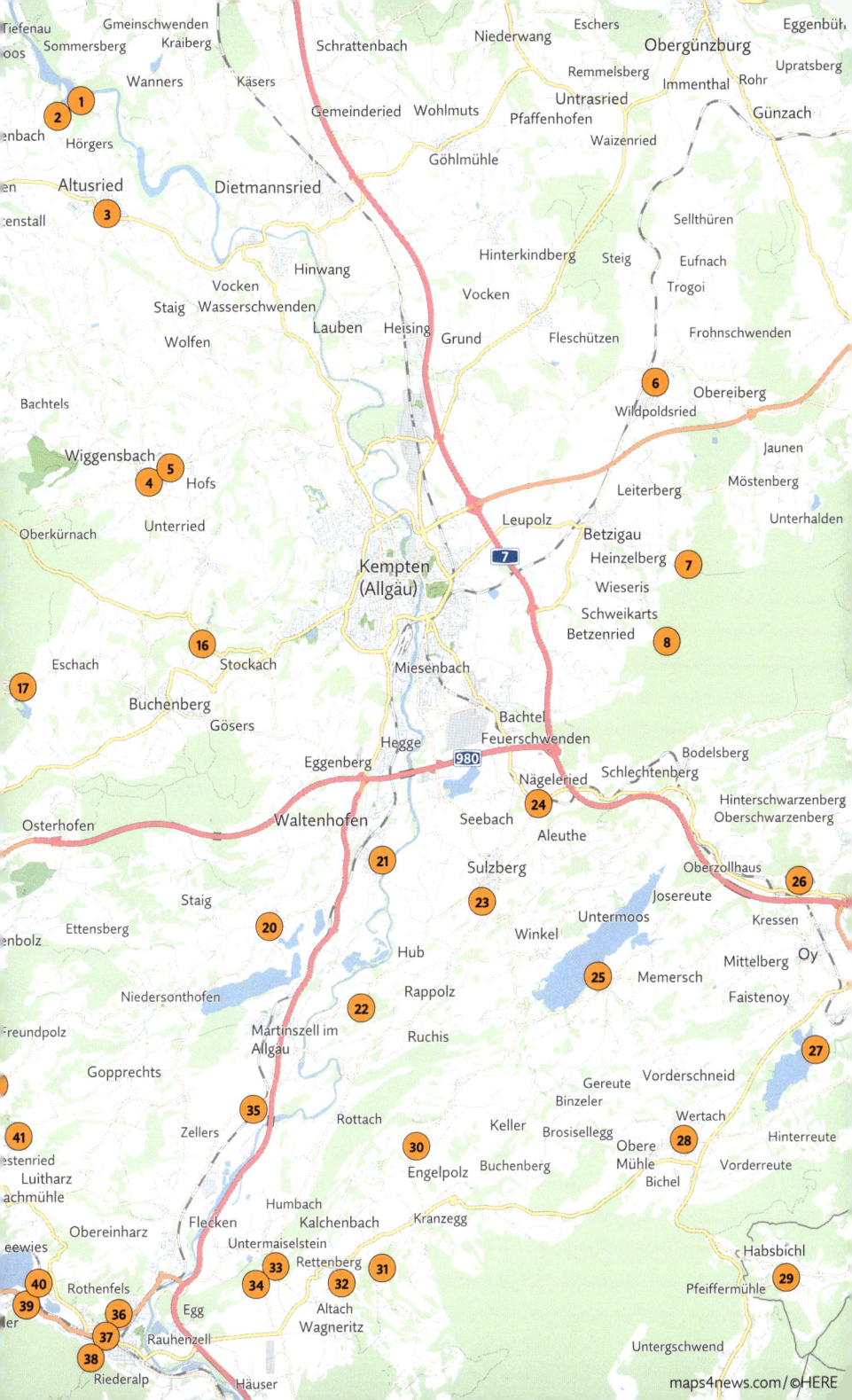

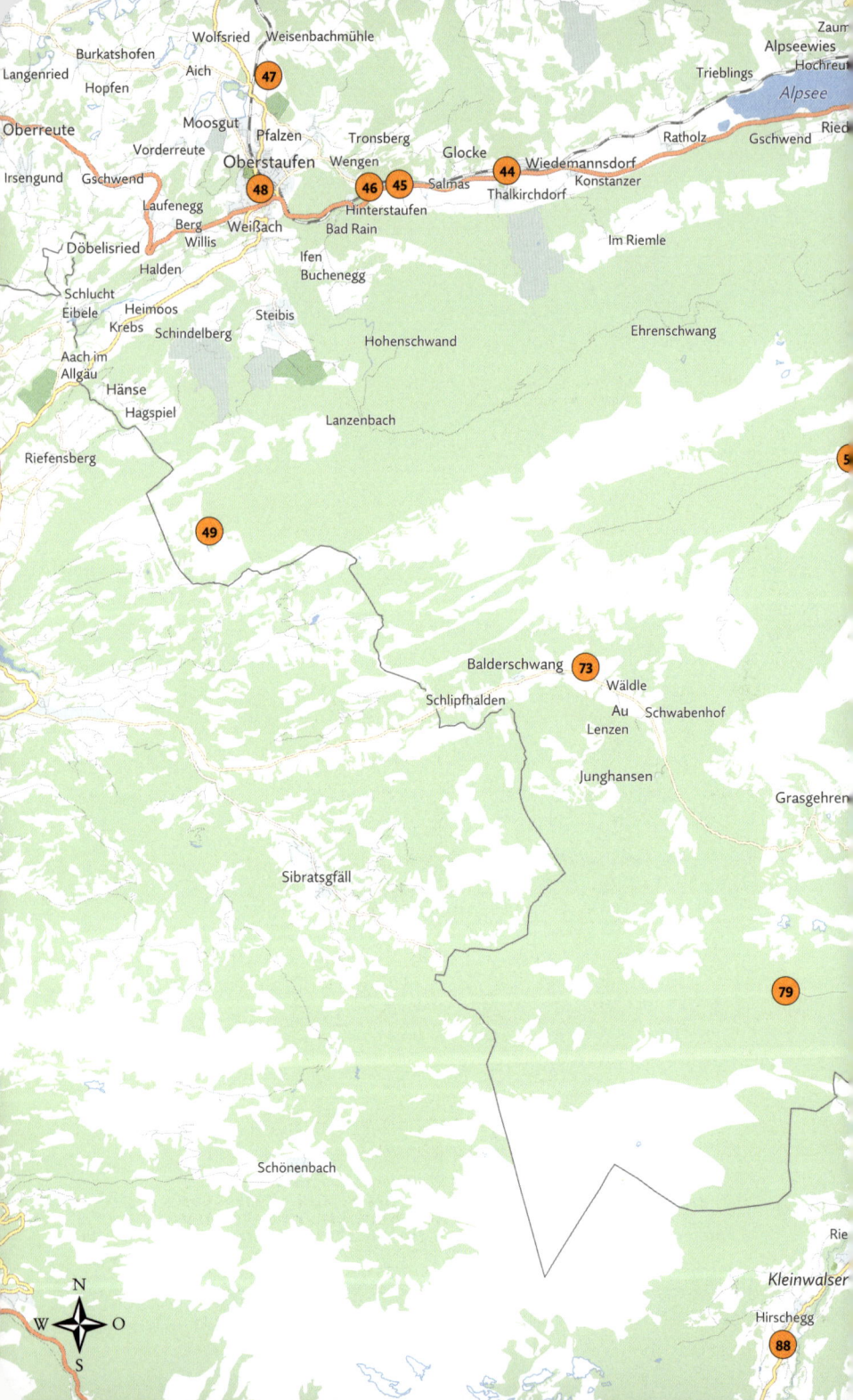

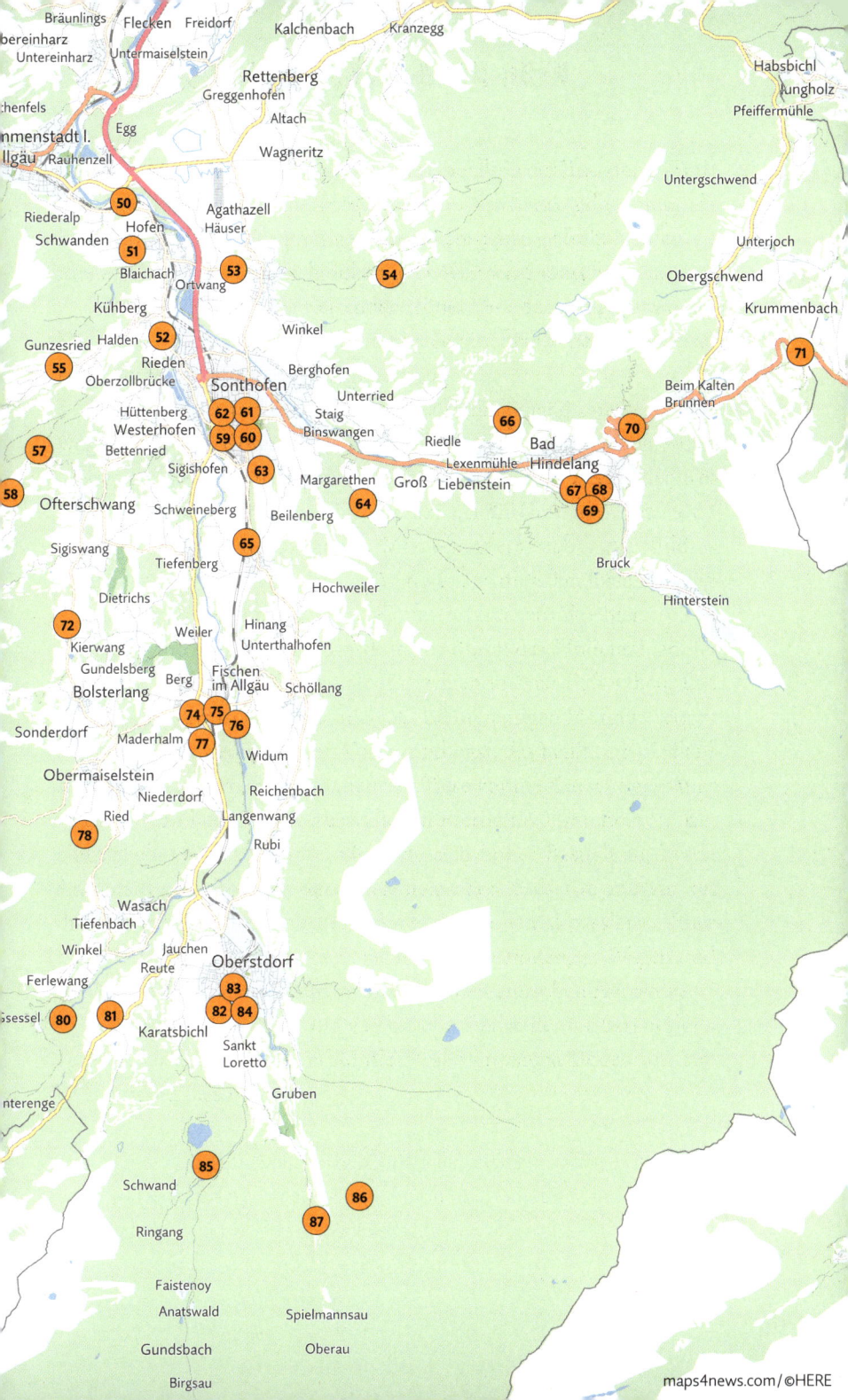

UM ZUR HÄNGEBRÜCKE ÜBER DIE ILLER ZU GELANGEN, FAHREN SIE ÜBER DIE ALPENBLICKSTRASSE DURCH DEN WEILER FISCHERS BEI ALTUSRIED. PARKEN IST DIREKT AN DER BRÜCKE MÖGLICH.

NÄHERE INFORMATIONEN ERHALTEN SIE VON DER GÄSTEINFORMATION ALTUSRIED /// HAUPTSTRASSE 18 /// 87452 ALTUSRIED /// 0 83 73 / 70 51 /// WWW.ALTUSRIED.DE ///

DAS BLAUE WUNDER
Hängebrücke über die Iller bei Altusried

Der Oberallgäuer an sich gilt als recht großzügig. Und so erkennt er neidlos an, wenn Mitbürger in östlicheren Gefilden der Republik den Titel »Blaues Wunder« für eines ihrer bekanntesten Bauwerke beanspruchen. Doch was dem Sachsen seine Elbe, ist dem Allgäuer seine Iller. Und über eben diese führt eine ähnliche, zugegebenermaßen deutlich kleinere Variante der blauen Hängebrücke in Dresden. Der bayerische Übergang verbindet seit 2007 bei Altusried die Weiler Fischers und Pfosen miteinander.

Imposant erscheint es aber allemal auch, das Allgäuer »Blaue Wunder«: Mit seinen 84,5 Metern Länge und den hoch aufragenden Trägern an beiden Ufern des Flusses vermittelt der Bau alleine durch seine Größe einen Eindruck von Sicherheit und Stabilität. Obwohl es beim Überqueren schon mal quietschen kann – und ein wenig schaukeln. Was für eine Hängebrücke aber so ungewöhnlich wiederum auch nicht ist.

Nötig wurde die Errichtung dieser beeindruckenden Stahlkonstruktion, um Lücken im *Oberallgäuer Rundwanderweg* sowie im *Allgäuer Jakobsweg* zu schließen, nachdem der Fährbetrieb vor Ort 2001 eingestellt worden war. Seit August 2007 – nach einem knappen halben Jahr Bauzeit unter der Leitung des Ingenieurs Heribert Hartmann – können die Oberallgäuer nun täglich ihr »Blaues Wunder« erleben. Finanziert wurde das Projekt aus Fördermitteln der EU und des Freistaats Bayern, von den Gemeinden Altusried und Dietmannsried, vom Zweckverband *Erholungsgebiete Kempten/Oberallgäu* sowie von der regionalen *Raiffeisenbank*. Und dennoch wäre die Hängebrücke wohl nie realisiert worden ohne die tätige Mithilfe vieler engagierter Bürger – und dies natürlich unentgeltlich. Denn wie bereits erwähnt: Der Oberallgäuer an sich gilt als recht großzügig.

🖋 Buchstäblich durch Wald und Wiesen führt der mit zahlreichen Schautafeln bestückte Naturlehrpfad oberhalb der Altusrieder Freilichtbühne und kreuzt dabei mehrmals den malerischen Riedbach.

UM DEN ILLERDURCHBRUCH UND DIE BURGRUINE NEU-KALDEN
ZU ERREICHEN, FAHREN SIE BIS ZUM PARKPLATZ AM ENDE DER
KALDENER STRASSE BEI ALTUSRIED. VON DORT FOLGEN SIE DEM
BESCHILDERTEN FUSSWEG ETWA FÜNF MINUTEN.

ALLGÄUER FREILICHTBÜHNE ALTUSRIED /// IM TAL ///
87452 ALTUSRIED /// 0 83 73 / 9 22 00 /// WWW.ALTUSRIED.DE ///

ZEITSCHLEIFEN
Illerdurchbruch und Burgruine Neu-Kalden bei Altusried

Eigentlich sind es gleich zwei Sehenswürdigkeiten, die den geneigten Wanderer am Aussichtspunkt am Illerdurchbruch erwarten. Wendet er die Augen von den ausladenden Windungen des wohl bekanntesten Allgäuer Flusses ab und dreht sich um, rücken die Überreste der Burg Neu-Kalden in sein Blickfeld. Genauer gesagt das Fragment eines Rundturms der einstigen Festung.

Die erste, im Mittelalter gebaute Wehranlage, heute folgerichtig Alt-Kalden genannt, lag ursprünglich ein paar Hundert Meter weiter weg. Sie verfiel wegen geologischer Verwerfungen recht früh und sollte den Eintritt in die Neuzeit nicht mehr erleben. Im Jahre 1515 ließ daher ein gewisser Joachim von Pappenheim – ein Mitglied jenes Geschlechts, das eine gängige Redewendung bekannt machen sollte – die neue Festung nahe des heutigen Illerdurchbruchs errichten.

Warum gerade dies ein idealer Standort für eine Burg war, erschließt sich dem Betrachter schnell: Der erhabenen Position mit Blick auf das Illertal mit seinen durch die unbändige Kraft des Wassers geformten, steil aufragenden Felswänden muss eine strategische Bedeutung zugekommen sein. Heute verfügt sie allerdings nur noch über einen touristischen Wert. An dieser Stelle nordwestlich von Altusried fließt die Iller noch unberührt in ihrem ursprünglichen Bett. Seinen Verlauf beginnt der Fluss ein gutes Stück südlicher in der Nähe von Oberstdorf, wo sich die Breitach, die Stillach und die Trettach zu einem gemeinsamen Strom vereinen. Bevor sie ihren weiteren Weg in Richtung Donau nehmen darf, passiert die Iller dann die beeindruckende Schleife bei Altusried. Und wir dürfen ihr dabei von oben zusehen.

⌔ Einen Blick in die Vergangenheit werfen die Altusrieder immer wieder mit den Aufführungen historischer Stoffe auf ihrer Freilichtbühne, die zudem gerne von zeitgenössischen Künstlern genutzt wird.

GRÜSSE AUCH AN ERIKA
Kluftinger-Führung in Altusried

Er ist der wohl bekannteste (fiktive) Ermittler in ganz Deutschland: der Allgäuer Kommissar Kluftinger, erdacht vom Autorenduo Michael Kobr und Volker Klüpfel. Seit 2003 löst der in Altusried beheimatete Polizist in etlichen Romanen – und mittlerweile auch in einigen Filmen – oftmals reichlich skurrile Fälle und lässt den Leser zugleich ein Stück weit an seinem privaten Alltag teilhaben. Dass er seine Frau Erika, aber ebenso Allgäuer Kässpatzen liebt, wiederum eine tiefe Abscheu gegen einen gewissen Doktor Langhammer hegt, weder eine große Affinität zu Fremdsprachen noch zu technischen Neuerungen besitzt – all das erfahren seine Fans Buch für Buch. Die Eigenheiten Kluftingers – dessen Vorname übrigens bisher noch nie in Gänze genannt wurde – bieten einen großen Wiedererkennungswert und machen den besonderen Charme der Romane aus.

Auf Kluftingers Spuren wandeln kann der geneigte Krimiliebhaber alle zwei Wochen auf einem geführten Spaziergang zu den Originalschauplätzen der Buchreihe in Altusried. So entdecken die Besucher etwa das Milchwerk Stegmann (bekannt aus dem Band *Milchgeld*), das Wohnhaus der Langhammers (aus *Erntedank*) oder das Musikheim, in dem der Kommissar jeden Montag die große Trommel schlägt. Natürlich darf auch ein Abstecher zu den Kluftingers selbst nicht fehlen, wo schon mal Gattin Erika aus dem Fenster schaut.

Dass der Fremdenführer der Krimifreunde mit seinem Witz, seinem Anekdotenreichtum und einem Schuss Selbstironie dabei ein wirklicher Kenner nicht nur seines Heimatortes Altusried, sondern auch der Kluftinger-Romane ist, mag nicht wirklich verwundern: Peter Klüpfel ist schließlich der Vater eines der Autoren.

✍ Nicht nur wegen seiner Erwähnung im Buch *Erntedank* ist der alljährlich im Oktober stattfindende *Alternative Markt* auf dem Rathausplatz weit über die Grenzen von Altusried hinaus bekannt.

HEIMATMUSEUM WIGGENSBACH /// KEMPTER STRASSE 3 ///
87487 WIGGENSBACH /// 0 83 70 / 84 35 ///

NÄHERE INFORMATIONEN ERHALTEN SIE VOM MARKT WIGGENSBACH ///
MARKTPLATZ 3 /// 87487 WIGGENSBACH /// 0 83 70 / 9 20 00 ///
WWW.WIGGENSBACH.DE ///

REISE IN DIE VERGANGENHEIT
Heimatmuseum in Wiggensbach

In einer traditionsbewussten Region wie dem Oberallgäu verwundert es nicht, dass viele kleinere und größere Orte ein Heimatmuseum ihr Eigen nennen. Es erzählt Geschichte und Geschichten aus der jeweiligen Gemeinde, die den Einheimischen als Dokumentation dienen und Touristen Einblicke in die lokale Vergangenheit ermöglichen. Eine besonders liebevoll zusammengestellte Sammlung dieser Art erwartet den Besucher im gut 5.000 Einwohner zählenden Markt Wiggensbach westlich von Kempten. Im Dachgeschoss des ehemaligen Schulgebäudes – und heutigen Sitzes des Tourismusbüros – betritt er das Museum und zugleich die gute Stube eines alten Bauernhauses. Auch finden sich weitere Zeugnisse der Ortsgeschichte, die sich um Themen wie Schule, Handwerk oder Landwirtschaft drehen, sowie Exponate zur örtlichen Kirchengeschichte und damaligen Volksfrömmigkeit. Dioramen und Modelle erklären darüber hinaus die topografische und geologische Entwicklung der Region rund um Wiggensbach. Doch auch dem Alltag der Einheimischen in früheren Zeiten wird nachgespürt, wie zum Beispiel die Vielzahl der ausgestellten alten Haushaltsgeräte zeigt.

Bekannt ist der kleine Ort ebenfalls für den Wiggensbacher Schatz. Dieser besteht aus Münzen und Schmuckstücken aus dem 1. bis 3. Jahrhundert und wurde 1888 an der Waldegger Höhe entdeckt – unter tätiger Mithilfe einer im Boden scharrenden Kuh. Der Schatz ist allerdings schon lange nach Kempten ausgewandert und kann heute dort besichtigt werden – was den Stellenwert der anderen historischen Kostbarkeiten im kleinen Wiggensbach aber keineswegs schmälert.

⚑ Vom nahen Mariaberg genießt man eine schöne Aussicht auf Kempten und das weite Alpenvorland. Auf dem Weg zum Berg lädt ein Bänkchen am urzeitlichen Findling Rabenstein zu einer Rast ein.

REIFEPRÜFUNG
Bio-Schaukäserei in Wiggensbach

Ein großes Fenster im Verkaufsraum gewährt einen Einblick in den Herstellungsprozess. Denn in der Bio-Schaukäserei Wiggensbach nimmt man den Leitspruch »Gläserne Produktion« tatsächlich wörtlich: Während die Kunden zwischen den Regalen wandeln oder sich an der großen Theke beraten lassen, können sie durch die Glasscheibe immer wieder ein Auge auf die Käseerzeugung im Nebenraum werfen.

Dort wird die Allgäuer Heumilch, die ausschließlich von Biohöfen aus der Umgebung stammt, zunächst mithilfe von Zentrifugen gereinigt, danach – je nach gewünschter Käsesorte – der Fettgehalt festgelegt. Dies geschieht durch Entrahmung der Milch oder im umgekehrten Fall durch Hinzugabe von Sahne. In einem nächsten Schritt wird die Milch mit Lab eingedickt, es entsteht die sogenannte Gallerte. Diese muss nun eine Weile ruhen und wird danach während des Gerinnungsprozesses mit Käseharfen zerkleinert. Nach einer gewissen Zeit wird dieser »Käsebruch« in Formen gefüllt, die Molke mehrmals herausgepresst und der Käse dadurch immer fester.

Dann wandert der noch junge Käselaib für etwa fünf Stunden in ein Salzbad, wodurch sich seine schützende Rinde bildet und weitere Molke entzogen wird. Nun erst darf das Produkt reifen – je nach Sorte kann dies von einem Tag bei Frischkäse bis zu einem Jahr bei altem Bergkäse dauern. Dabei müssen die länger ruhenden Laibe in ihren Regalen immer wieder durch gewissenhaftes Bürsten, Wischen und Wenden ausführlich »gepflegt« werden – was bei den kiloschweren Exemplaren oftmals einer wahren Knochenarbeit gleicht.

Doch die Mühe lohnt sich, wie der Erfolg der kleinen Käserei zeigt – nicht nur für die Produzenten selbst und die zuliefernden Landwirte, sondern insbesondere für die Käufer dieses wohl typischsten aller Allgäuer Lebensmittel.

☞ Wer nicht nur durchs Fenster zuschauen, sondern bei der Produktion dabei sein möchte, kann sich für eine Gruppenführung anmelden – anschließende Verkostung natürlich inbegriffen.

EINE ERKUNDUNG DES ENERGIEDORFS BEGINNEN SIE AM BESTEN BEIM RATHAUS DER GEMEINDE WILDPOLDSRIED /// KEMPTENER STRASSE 2 /// 87499 WILDPOLDSRIED /// 0 83 04 / 9 20 50 /// WWW.WILDPOLDSRIED.DE ///

FAHREN SIE AUF DER GÜNZACHER STRASSE VON WILDPOLDSRIED NACH EUFNACH, VON DORT FÜHRT EIN FUSS- UND RADWEG ZUM WINDSTÜTZPUNKT FUCHSBAU /// WWW.WINDSTUETZPUNKT.DE ///

WIND OF CHANGE

Energiedorf Wildpoldsried

Natürlich wäre es ein wenig zu einfach, die kleine Gemeinde Wildpoldsried im Nordwesten des Landkreises Oberallgäu auf ihre Sonderrolle bei der alternativen Stromerzeugung zu reduzieren. Aber zum einen sind die Wildpoldsrieder selbst ein wenig stolz darauf, als *das* Energiedorf Deutschlands zu gelten. Und zum anderen gibt es in Zeiten der Energiewende durchaus schlechtere Attribute, als für Innovation und zugleich Nachhaltigkeit zu stehen.

Dabei sind es zwar erneuerbare, keineswegs aber neue Energiequellen, die sich die Gemeinde zunutze macht und auf diese Weise das Sechsfache ihres eigenen Strombedarfs produziert. Denn schon lange vor dem Einsatz fossiler oder atomarer Energieträger setzten die Menschen Wasser und Wind zur Energieerzeugung ein. Nur die Solar- und Fotovoltaiktechnik, die in Wildpoldsried vor allem dezentral auf etlichen Dächern zum Einsatz kommt, erlebte erst in den vergangenen Jahrzehnten einen echten Aufschwung.

Das Ortsbild bestimmen jedoch in erster Linie die elf Bürgerwindkraftanlagen auf dem Höhenkamm direkt über Wildpoldsried – wobei zwei davon genau genommen schon im benachbarten Landkreis Ostallgäu stehen. Zudem setzt die Dorfgemeinschaft bei der Energieerzeugung auf zwei kleinere Wasserkraftwerke, auf Erdwärme sowie auf Biogas und Biomasse.

Doch nicht nur die Nutzung, sondern auch der Schutz der natürlichen Ressourcen liegt den Wildpoldsriedern am Herzen. So unternimmt die Gemeinde beispielsweise große Anstrengungen bei der Energieeinsparung und sorgt sich um die Erhaltung ihrer ober- und unterirdischen Wasservorkommen sowie deren ökologische Aufbereitung – und erweist sich damit auch als wahres Umweltdorf.

🐾 Ein eigener Lehrpfad illustriert in Wildpoldsried weitere Hintergründe zu einem Wasserprojekt mit dem schönen Namen *WiWaLaMoor* (Wildpoldsrieder Wasserlandschaften im Moor).

IN ALLEN WIPFELN IST RUH

Für viele Menschen dürfte es ein – wahrscheinlich bisher unerfüllter – Traum aus frühen Kindertagen sein: einmal in einem Baumhaus zu übernachten. Doch weil man sich im Laufe der Zeit und gerade im Urlaub an einen gewissen Lebensstandard gewöhnt hat, scheint dieser Wunsch mit zunehmendem Alter nach und nach zu verblassen. Dabei gibt es durchaus Mittel und Wege, als Erwachsener die kindliche Lust am Abenteuer mit den gestiegenen Ansprüchen zu vereinen – im Baumhaushotel Allgäu nahe Betzigau.

Fast sehen sie aus wie überdimensionale Vogelhäuschen, die vier Baumhäuser der Familie Bechteler. Recht versteckt und ein gutes Stück vom Hof der Gastgeber entfernt, hängen sie in ihren kräftigen Buchen. Hängen? Ja, denn die zweigeschossigen Holzbauten sind durch aufwendige Stahlseilkonstruktionen so befestigt, dass sie quasi in den Bäumen schweben. Und manchmal sogar ein klein wenig schwingen, wenn der Wind mal etwas strenger pfeift. Aber das ist auch gewollt, um die Eigenbewegungen der Bäume auszugleichen – und wurde selbstverständlich streng nach der Bayerischen Bauordnung abgenommen.

Hat der Gast die stabile Holztreppe zum »Erdgeschoss« erklommen und das Haus über die Veranda betreten, findet er sich in einer komfortablen Ferienwohnung wieder, die mit allem ausgestattet ist, was das Urlauberherz begehrt. Neben allerhand anderen Annehmlichkeiten verfügt das Häuschen über eigenen – mittels Solarpanels produzierten – Strom und fließend warmes Wasser. Etwas rustikaler geht es dafür noch in der Grillhütte des »Baumhausdorfes« zu, die ein Stückchen fernab der Ferienwohnungen in einem Wäldchen liegt.

🖘 Wer lieber Urlaub auf dem Bauernhof erleben möchte, für den bietet sich der klassische Ferienhof der Bechtelers an – inklusive Kuhmelken und Ausritten in den Kempter Wald.

UM ZUM DENGELSTEIN ZU GELANGEN, STARTEN SIE ZU FUSS AM
GASTHAUS »ZUM TOBIAS« /// ROTHEN 129 1/2 /// 87471 DURACH ///
ALTERNATIV FOLGEN SIE AB ORTSMITTE BETZENRIED BEI BETZIGAU
DEM AUSGESCHILDERTEN WEG.

NÄHERE INFORMATIONEN ERHALTEN SIE VON DER GEMEINDE DURACH ///
BAHNHOFSTRASSE 1 /// 87471 DURACH /// 08 31 / 56 11 90 ///
WWW.DURACH-ALLGAEU.DE ///

AM ENDE EINER LANGEN REISE

Naturdenkmal Dengelstein im Kempter Wald bei Durach

Ein Findling ist er also, der berühmte Dengelstein im Kempter Wald. Und was bei Menschen zerbrechlich und schutzbedürftig klingt, stellt in der Geologie das gewaltige Ergebnis enormer Naturkräfte dar. Ursprünglich war der Dengelstein nämlich gar nicht an diesem Ort beheimatet – es liegt eine weite Reise hinter ihm. Zusammen mit anderen Findlingen wurde der riesige Gesteinsblock vor etwa 18.000 Jahren als sogenannter Felssturz auf dem eisigen Rücken des Illergletschers vom Rottachberg in Richtung Norden transportiert. Als sich gegen Ende der letzten Eiszeit die Schneemassen schließlich langsam wieder zurückzogen, wurde der 7.900 Tonnen schwere Brocken sanft auf dem Erdboden abgelegt – und blieb bis heute.

Für die Menschen besitzt der acht Meter hohe »Fremdkörper« inmitten dieser sonst eher flachen Landschaft von jeher eine spezielle Bedeutung. Einst umgab ihn eine Graben- und Wallanlage, die heutzutage allerdings nur noch an einigen Stellen zu erahnen ist. Welche Funktion diese genau erfüllte, darüber gehen die Meinungen auseinander – am plausibelsten scheint vielen Forschern die Erklärung einer germanischen Kult- und Gerichtsbarkeitsstätte oder einer keltischen Verteidigungsschanze.

Neben der Wissenschaft hat sich die zeitgenössische Kultur des Dengelsteins angenommen. So »umzäunte« etwa der Künstler Osse Müller den Findling 1997 mit seinen *Gemarkungszeichen*. Und nicht zuletzt wurde auch die Romanfigur des Kommissars Kluftinger schon einmal mit einer alten Sage um den Dengelstein konfrontiert – der Name des Gesteinsbrockens soll dieser zufolge nämlich daher rühren, dass Gevatter Tod seine Sense jedes Mal an diesem Felsen »dengeln« (schärfen) würde, wenn den Menschen Unheil bevorstehe.

Rund um den Dengelstein spürt ein romantischer Wanderweg durch Wald und Wiesen mit etlichen Schautafeln weiterer Mythen und Sagen aus dem Allgäu nach.

ALPIN-MUSEUM /// LANDWEHRSTRASSE 4 /// 87439 KEMPTEN ///
08 31 / 2 52 57 40 ///

WEITERE INFORMATIONEN ZU DEN MUSEEN ERTEILT DAS KULTURAMT
DER STADT KEMPTEN /// MEMMINGER STRASSE 5 /// 87439 KEMPTEN ///
08 31 / 2 52 52 00 /// WWW.MUSEEN-KEMPTEN.DE ///

DER BERG RUFT

Alpin-Museum in Kempten

Über vier Stockwerke erstreckt sich das Alpin-Museum im Kemptener Marstall und zeichnet dabei die Entwicklung des alpenländischen Raumes in den letzten Jahrhunderten und Jahrtausenden nach.

Während das Erdgeschoss wechselnden Sonderausstellungen vorbehalten ist, informieren die Exponate im ersten Stock den Besucher allgemein über die Geschichte der Alpen. Hierbei wird deren Entstehung ebenso beleuchtet wie die spezielle Kulturgeschichte der Region, zu der auch Mythologie und Religion gehören. Einen Bogen zu einer immer noch lebhaft geführten Diskussion schlägt der Museumsbereich »Energiegewinnung«, der demonstriert, dass althergebrachte Techniken wie die Nutzung der Wasserkraft heutzutage wieder hochaktuell sein können.

In der zweiten Etage des Museums werden die wissenschaftlichen Hintergründe von Flora und Fauna der Alpenregion näher untersucht sowie Einblicke in die lokale Geologie und Topografie gegeben. Weitere Schwerpunkte sind die Besonderheiten der Gletscherarchäologie und vor allem die Bemühungen um den Schutz dieser einzigartigen Berglandschaft. Über die Eroberung der Alpen durch den Menschen mitsamt Vorstellung der bedeutendsten Naturforscher und Alpinisten geht es hinauf in den dritten Stock, wo – passend zum Standort oben im Haus – alle Aspekte des Bergsports sowie der Bergrettung erläutert werden.

Das Kemptener Museum ist dabei so konzipiert, dass je nach Interessenlage jede einzelne Ebene gesondert oder die gesamte Ausstellung besichtigt werden kann. Und es vermittelt trotz der wahren Flut an Informationen Wissen auf leicht verständliche, manchmal auch augenzwinkernde Weise – eine Sammlung also, die lehrreich ist, ohne belehrend zu sein.

✍ Zur Vertiefung der neuen Kenntnisse bietet sich ein Besuch im Kemptener Allgäu-Museum an, das sich vor allem mit der besonderen regionalen Geschichte und Kultur beschäftigt.

HOFGARTEN IN KEMPTEN /// HOFGARTENSTRASSE /// 87439 KEMPTEN ///
PARKEN SIE AM ANGRENZENDEN PARKPLATZ AM PFEILERGRABEN ///

NÄHERE INFORMATIONEN ERHALTEN SIE VON DER
TOURISTINFORMATION KEMPTEN /// RATHAUSPLATZ 24 ///
87435 KEMPTEN /// 08 31 / 9 60 95 50 /// WWW.KEMPTEN.DE ///

NATUR NACH PLAN

Hofgarten in Kempten

Ein Name wie Donnerhall: Honorius Roth von Schreckenstein. Doch anders als der martialische Klang vermuten lässt, war der damalige Fürstabt von Kempten ein eher liberaler Geist, der auch so manchem Gedanken der Aufklärung offen gegenüberstand. Während seiner Amtszeit von 1760 bis 1785 zeichnete er für die Errichtung zahlreicher kirchlicher und profaner Gebäude im Allgäu verantwortlich – und ließ darüber hinaus den weitläufigen Kemptener Hofgarten zu großen Teilen in seiner bis heute bestehenden Form anlegen.

Die barocke Gartenanlage wurde bereits Mitte des 17. Jahrhunderts im Zuge des Baus der fürstäbtlichen Residenz gestaltet, die bis heute den historischen Mittelpunkt der Stadt Kempten darstellt. 1780 ließ Roth von Schreckenstein dann am Nordende des Hofgartens eine neue Grünfläche mitsamt einer sogenannten Orangerie anlegen. Ursprünglich beschrieb dieser Begriff lediglich eine Art Ziergarten für Zitrusbäume. Im Laufe der Zeit übertrug sich der Name dann aber auf die meist schmuckvollen Häuser, in denen die frostempfindlichen Pflanzen überwinterten.

Die Kemptener Orangerie, in der heute die Stadtbibliothek untergebracht ist, liegt mit ihrem akkurat ausgerichteten Garten etwas tiefer als der übrige Teil des Parks mit seinen ausladenden Rasenflächen, üppigen Blumenbeeten und schwungvollen Wasserspielen. Der obere Hofgarten wird südlich von der Residenz flankiert, an die sich die Stiftskirche Sankt Lorenz anschließt. Deren Balustrade und die beiden Kirchtürme sind von beinahe jedem Standort im Park aus zu sehen.

Ein Erlebnis ist das gelungene Zusammenspiel von urwüchsiger Natur und menschlichem Gestaltungswillen im Kemptener Hofgarten allemal – und dies eben schon seit den Zeiten des ehrwürdigen Honorius Roth von Schreckenstein.

✑ Die Prunkräume der benachbarten Residenz, die als erste deutsche Klosteranlage nach dem Dreißigjährigen Krieg wiedererrichtet wurde, gelten als einzigartige Beispiele des bayerischen Spätbarocks und Rokokos.

RUHM DURCH ROM

Archäologischer Park Cambodunum in Kempten

Zu Unrecht steht Kempten manchmal im Schatten der bayerisch-schwäbischen Hauptstadt Augsburg. Diese weist nicht nur viermal mehr Einwohner auf, sondern bestimmt als Verwaltungszentrum auch die Geschicke des östlichen Teils des Freistaats. Doch das war nicht immer so … Wir schreiben ungefähr das Jahr 50 nach Christus. Ganz Rätien ist von den Römern besetzt. Die Provinz reicht zeitweise vom Limes im Norden bis in das heutige Tessin im Süden und vom Bodensee im Westen bis nach Passau im Osten. Verwaltet wird sie von Cambodunum aus, von eben jener Stadt, die wir heute Kempten nennen. Und erst eine geraume Weile später wird ihr Augusta Vindelicorum (Augsburg) den Rang ablaufen und zur Provinzhauptstadt aufsteigen.

Welchen Einfluss die Römer auf die Geschichte Kemptens hatten und wie der Alltag in der Antike wohl gewesen sein muss, darüber informiert der Archäologische Park Cambodunum (APC). Im gallorömischen Tempelbezirk der Anlage wurden religiöse Kultbauten rekonstruiert, wodurch die Besucher einen Einblick in das geistliche Leben jener Zeit erhalten. Dabei waren es stets recht unterschiedliche Glaubensrichtungen, welche die Römer in ihren religiösen Zentren vereinten.

Im ausgehenden 1. Jahrhundert besaß Cambodunum zudem neben einem weitläufigen Forum auch einen repräsentativen Palast, der den Statthaltern der Provinz als Wohn- und Arbeitsstätte diente. In dessen unmittelbarer Nähe entstanden die Kleinen Thermen, deren Überreste heute durch eine imposante Hallenkonstruktion geschützt werden. Dienten sie den hohen Herren zunächst als private Badeanstalt, wurden sie später der gesamten Bevölkerung zugänglich, nachdem die Verwaltung nach Augusta Vindelicorum verlegt wurde. Manchmal hat etwas weniger Ruhm eben auch seine guten Seiten.

🖋 Neben klassischen Führungen bietet der Park spezielle Besucherprojekte an, etwa zur römischen Mode oder Kochkunst. Darüber hinaus bietet sich vom APC aus ein schöner Blick auf die Kemptener Altstadt.

SCHAURAUM ERASMUSKAPELLE /// SANKT-MANG-PLATZ ///
87435 KEMPTEN ///

NÄHERE INFORMATIONEN ERHALTEN SIE VON DER
TOURISTINFORMATION KEMPTEN /// RATHAUSPLATZ 24 ///
87435 KEMPTEN /// 08 31 / 9 60 95 50 /// WWW.KEMPTEN.DE ///

GESCHICHTE AUS DER GRUFT

Schauraum Erasmuskapelle in Kempten

Wie eine Bodenklappe öffnet sich der schmale Eingang auf dem Kemptener Sankt-Mang-Platz und führt den Besucher 23 Stufen hinab zu einem besonderen Stück Stadtgeschichte: in die unterirdische Erasmuskapelle.

Als am Ende des 13. oder zu Beginn des 14. Jahrhunderts der Friedhof der romanischen Sankt-Mang-Kirche erweitert wurde – an deren Stelle heute das gleichnamige gotisch geprägte evangelisch-lutherische Gotteshaus steht –, ließen die Kemptener Kirchenoberen zugleich die Karnerkapelle Sankt Michael errichten. Während der oberirdische Teil als Kirchenraum diente, wurde im Untergrund ein Beinhaus angelegt, das dem heiligen Erasmus geweiht wurde. Nachdem die Doppelkapelle nach einem Brand wiederaufgebaut und schließlich im 15. Jahrhundert zu einer Art Notkirche erweitert worden war – vermutlich als Interimslösung während einer Instandsetzung der Sankt-Mang-Kirche –, verlor sie Mitte des 16. Jahrhundert schließlich ihren Status als Gotteshaus.

In der Folge nutzten Weber das profanierte Gebäude als sogenanntes Leinwandschauhaus für ihre Textilproduktion, im Untergeschoss fungierte das Beinhaus als Weinkeller. Später wurde ein »Schmalzwaaghaus« als Anbau errichtet, in dem die Qualität von Fetten kontrolliert wurde. Im Jahr 1857 ließ man das gesamte Gebäude schließlich wegen Baufälligkeit abreißen, die unterirdischen Räume wurden mit Bauschutt aufgefüllt und erst im neuen Jahrtausend wieder ausgegraben.

Heute zeichnet ein Bronzeband auf dem Sankt-Mang-Platz den Umriss der alten Kapelle nach. In dessen Mitte erinnert eine Bronzetafel an die einstige Bestimmung als Beinhaus – und gleichzeitig an die eigene Vergänglichkeit: »Sum quod eris, quod es fui«, ist zu lesen. »Was ich bin, wirst du sein, was du bist, bin ich gewesen.«

✍ Sehenswert ist der Sankt-Mang-Platz auch wegen seiner alten Patrizierhäuser, dem denkmalgeschützten Mühlberg-Ensemble aus dem Spätmittelalter und dem in Jugendstilelementen gehaltenen Brunnen.

BEVERAGES

A **Thousand Miles** to Dublin

SH PUB & RESTAURANT
KEMPTEN

MISSION ERFÜLLT

Auf den ersten Blick verbindet das bergige Allgäu mit dem seeumtosten Irland nicht allzu viel. Warum also ein Irish Pub in einem Buch über das Oberallgäu vorstellen?

Neben der – auf völlig unterschiedliche Weise – spektakulären Natur beider Landstriche lassen sich vor allem in der Mentalität der Allgäuer und der Iren gewisse Ähnlichkeiten feststellen. Und obwohl Verallgemeinerungen auf diesem Gebiet immer etwas schwierig sind, werden dennoch beiden Bevölkerungen eine gewisse Gelassenheit gegenüber den diversen Widrigkeiten des Lebens sowie ein gerüttelt Maß an Sturheit und Durchsetzungsvermögen nachgesagt.

Diese Gemeinsamkeit hat vielleicht historische Gründe: Denn die Christianisierung des Allgäus vom 6. bis zum 8. Jahrhundert vollzogen in erster Linie irisch-schottische Mönche, und auch die drei »Allgäu-Heiligen« Kolumban, Gallus und Magnus entstammten diesem kulturellen Hintergrund. Während sich zu jener Zeit das Christentum in den Städten bereits durch den römischen Einfluss durchgesetzt hatte, stand die Missionierung der Landbevölkerung größtenteils noch bevor. In späteren Jahrhunderten brachen dann wiederum Mönche aus dem Allgäu zu Pilgerfahrten zu den Urstätten der iroschottischen Mission nach Irland auf – und legten dabei tausend Meilen nach Dublin zurück. Diesem historischen Umstand verdankt das Kemptener Pub seinen außergewöhnlichen Namen.

Und sollte irgendwer einmal nachprüfen, ob die Strecke von Kempten nach Dublin auch tatsächlich tausend Meilen lang ist, der sei an dieser Stelle gleich vorgewarnt: Solcherlei Haarspaltereien kommen nämlich weder bei den Allgäuern noch bei den Iren besonders gut an.

🎷 Das Pub *Thousand Miles to Dublin* unterstützt sowohl die *Mad Cows* des Vereins *Allgäu Rugby* als auch die American Footballer der *Allgäu Comets*, deren jeweilige Heimspiele in Kempten besucht werden können.

BURGHALDE MIT ALLGÄUER BURGENMUSEUM /// BURGHALDE 1 ///
87435 KEMPTEN /// MUSEUM: 08 31 / 5 12 14 68 ///
WWW.ALLGAEUER-BURGENMUSEUM.DE ///

AM BESTEN ERREICHEN SIE DIE BURGHALDE ÜBER
DIE BURGHALDEGASSE ODER DIE WEBERGASSE ///

NÄHERE INFORMATIONEN ERHALTEN SIE VON DER
TOURISTINFORMATION KEMPTEN /// RATHAUSPLATZ 24 ///
87435 KEMPTEN /// 08 31 / 9 60 95 50 /// WWW.KEMPTEN.DE ///

GRÜNES LAND IN BÜRGERHAND

Burghalde in Kempten

Sie thront ein gutes Stück über Stadt und Fluss und ist heutzutage doch nur noch im geografischen Sinne ein Symbol der Erhabenheit: Denn statt feudalen Zwecken dient die Kemptener Burghalde linksseitig der Iller mittlerweile allen Kemptenern als Treffpunkt und Naherholungsgebiet inmitten der Stadt.

Als Erste nutzten wohl die Römer in der Spätantike die Erhebung für die Errichtung eines Kastells, woraus später eine befestigte Siedlung entstehen sollte. Zum eigentlichen Herrschaftssymbol entwickelte sich schließlich die Burg der Fürstäbte von Kempten, die im Hochmittelalter entstand. 1363 nahmen aufgebrachte Bürger die Festung ein und zerstörten sie weitestgehend. Die Halde wurde erst im späten 15. Jahrhundert wieder mit einer Mauer bewehrt und in die allgemeine Stadtbefestigung integriert. Von den Schweden im Dreißigjährigen Krieg besetzt und von den Franzosen im Zuge des Spanischen Erbfolgekrieges zu einer Wehranlage ausgebaut, erlebte die Burghalde 1705 einen weiteren dramatischen Tiefpunkt: Die Truppen der antifranzösischen Koalition unter Prinz Eugen schleiften die Gemäuer und ließen auf dem Hügel nicht viel mehr als einen Haufen Trümmer zurück.

Lange lag die Halde seit diesem Ereignis brach, ehe sich 1865 ein eigens gegründeter Verein ihrer annahm und sie zu einem Bürgerpark und einer kleinen grünen Oase im Herzen von Kempten umgestaltete. 1870 wurde das markante Wärterhaus zu einer Art Vereinsheim umgebaut – damals allerdings noch ohne das auffällige Dach mit seinen vier Turmerkern. Das eindrucksvolle Gebäude, an deren Westseite ein Kräutergarten angelegt wurde, ist mittlerweile neben der 1950 geschaffenen Freilichtbühne sogar zu einem Markenzeichen der Kemptener Burghalde geworden.

Seit 2004 beherbergt das Wärterhaus auf der Burghalde das *Allgäuer Burgenmuseum*, das die Geschichte des Burgenbaus der gesamten Region seit dem 12. Jahrhundert nachzeichnet.

DAS LUDWIG-II.-DENKMAL BEFINDET SICH AN DER
VERBINDUNGSSTRASSE ZWISCHEN DER FÜSSENER STRASSE UND DEM
SCHUMACHERRING IN EINER GRÜNANLAGE IN DER NÄHE DER
KÖNIG-LUDWIG-BRÜCKE /// 87435 KEMPTEN ///

NÄHERE INFORMATIONEN ERHALTEN SIE VON DER
TOURISTINFORMATION KEMPTEN /// RATHAUSPLATZ 24 ///
87435 KEMPTEN /// 08 31 / 9 60 95 50 /// WWW.KEMPTEN.DE ///

KÖNIGSTREU

Ludwig-II.-Denkmal in Kempten

Ein wenig versteckt steht der Kini da in seinem Tempelchen. Durch Gitter geschützt, blickt er hinaus auf die kleine Grünanlage, die am Rande einer viel befahrenen Zufahrtsstraße auf die Illerbrücke liegt. Und wirkt – welch Wunder – ein wenig wie aus der Zeit gefallen.

Von seiner Regentschaft, die von 1864 bis kurz vor seinem Tod 1886 im Starnberger See währte – die Umstände sind bis heute noch nicht endgültig geklärt –, blieb vor allem die Vorliebe Ludwigs II. für prächtige Bauwerke in Erinnerung. Daher mutet es ein wenig seltsam an, dass der Märchenkönig meist wie selbstverständlich von den Altbayern vereinnahmt wird, obwohl mit Schloss Neuschwanstein sein bekanntestes Domizil eindeutig auf schwäbischem Boden bei Schwangau im Ostallgäu steht.

Ludwig selbst dürften solche regionalen Koketterien allerdings herzlich egal gewesen sein – eitel war der Monarch der Überlieferung nach schließlich selbst zur Genüge. Und darüber hinaus war er als Regent doch offiziell Herr über so einige Bevölkerungsgruppen, die es schließlich zusammenzuhalten galt. Zumindest lautete sein voller Titel: Ludwig, von Gottes Gnaden König von Bayern, Pfalzgraf bey Rhein, Herzog von Bayern, Franken und in Schwaben.

Das Ludwig-II.-Denkmal in Kempten wurde ab 1908 geplant, wofür sich sogar ein eigener Verein gegründet hatte. Doch erst im Jahr 1933 sollte die Büste des Bildhauers Ludwig Eberle in jener Grünanlage nahe der König-Ludwig-Brücke feierlich der Öffentlichkeit präsentiert werden. Zu viel des Namenskults? Nein, denn diese alte Eisenbahnbrücke über die Iller ist schließlich einem seiner Vorgänger gewidmet.

✐ Ein Stück weit die Iller hinunter findet sich rechter Hand der Engelhaldepark, dessen weitläufige Anlage Liegewiesen, Spielplätze, eine Kletteranlage, ein Kneippbecken und ein Kiosk beherbergt.

UM ZUM RÖMISCHEN BURGUS ZU GELANGEN, NEHMEN SIE DEN BESCHILDERTEN FUSSWEG AM BURGGRABEN IN BUCHENBERG-AHEGG (PARKMÖGLICHKEITEN BESTEHEN NUR IM ORTSKERN).

NÄHERE INFORMATIONEN ERHALTEN SIE VON DER TOURISMUSINFORMATION BUCHENBERG /// RATHAUSSTEIGE 2 /// 87474 BUCHENBERG /// 0 83 78 / 92 02 22 /// WWW.BUCHENBERG.DE ///

GRENZERFAHRUNGEN

Römischer Burgus bei Buchenberg

Leicht zu finden ist er nicht gerade, der römische Burgus in Ahegg, einem Ortsteil von Buchenberg. Auch weil wohl kaum jemand ein solch historisches Bauwerk in unmittelbarer Nähe eines Wohnviertels erwarten würde. Besucher sollten daher Rücksicht auf die Anwohner nehmen, denn ein Stück des beschilderten Weges zu der Sehenswürdigkeit führt über eine private Wiese.

Der kleine Trampelpfad am Waldesrand geleitet interessierte Hobbyarchäologen durch recht dichtes Gestrüpp steil hinauf zu den Resten des ehemaligen römischen Militärpostens. Dieser wurde wohl im ausgehenden 3. Jahrhundert zunächst als hölzerner Wachturm errichtet und später zum Schutz des sogenannten Donau-Iller-Rhein-Limes zu einem gemauerten Burgus ausgebaut. Zweck einer solchen, meist auf einer Anhöhe gelegenen Anlage war in erster Linie die Grenzsicherung des Römischen Reiches gegenüber den häufig einfallenden Germanen.

Da die Besatzung eines einzelnen Burgus vor allem Überwachungsaufgaben erfüllte und meist zu schwach war, um selbst gegen mögliche Eindringlinge vorzugehen, stand sie immer in Verbindung zu größeren römischen Heerlagern in der Nähe. Die Kommunikation erfolgte teils über reitende Boten, teils durch optische oder akustische Signalübermittlung mittels Fackeln oder Posaunen. Auf dem Burgus in Ahegg konnten auf diese Weise bei Gefahr recht schnell Truppen aus dem Reiterkastell Vemania bei Isny und aus einem Kastell an der Iller nahe Kempten herbeigerufen werden.

Von solch kriegerischer Vergangenheit ist heute auf der kleinen Waldlichtung nichts mehr zu spüren. Vielmehr empfängt das antike Bauwerk seine Besucher mit viel Ruhe und Würde – wie es sich in seinem hohen Alter ja auch gehört.

✑ Auf die Suche nach Wasseradern kann man sich auf dem zwei Kilometer langen Buchenberger *Wasserschmeckerweg* machen – oder dort einfach nur spazieren gehen.

UM DEN PLANETENWEG ZU ERREICHEN, FAHREN SIE AUF DER OA 20 VON BUCHENBERG-ESCHACH IN RICHTUNG ESCHACHER WEIHER. DER PARK-PLATZ RECHTS IST GLEICHZEITIG STARTPUNKT DES PLANETENWEGS /// WWW.PLANETENWEG.CVL-KEMPTEN.DE ///

NÄHERE INFORMATIONEN ERHALTEN SIE VON DER TOURISMUSINFORMATION BUCHENBERG /// RATHAUSSTEIGE 2 /// 87474 BUCHENBERG /// 0 83 78 / 92 02 22 /// WWW.BUCHENBERG.DE ///

WELTENWANDERUNG
Planetenweg bei Buchenberg

17

Acht Kilometer sind für den ungeübten Wanderer eine gewisse Herausforderung. Eine noch größere Leistung ist es allerdings für jeden Menschen, sich die enormen Entfernungen vorzustellen, für die diese Strecke in Buchenberg-Eschach sinnbildlich steht. Der Planetenrundweg symbolisiert in einem Maßstab von 1:600.000.000 unser Sonnensystem mit seinem Zentralgestirn sowie den acht Planeten (für alle, die es noch anders gelernt haben: Dem kleinen Pluto wurde 2006 offiziell der Planetenstatus aberkannt).

Zu verdanken ist der Lehrpfad Schülern und Lehrern des Carl-von-Linde-Gymnasiums aus Kempten, die ihn 2014 angelegt haben. Im Zentrum steht natürlich unsere Sonne, maßstabsgetreu dargestellt mit herausschießenden Protuberanzen. Danach folgen in einem Rundkurs die Modelle der Planeten jeweils in einem Abstand, der umgerechnet ihrer realen Entfernung von der Sonne entspricht.

Am Parkplatz oberhalb des Eschacher Weihers führt der Weg zunächst am Wald entlang zu den »Gesteinsplaneten« Merkur, Venus, Erde und Mars. Deutlich weiter ist die Distanz dann schon zum ersten »Gasriesen« Jupiter in Richtung Ursersberg, ehe es in einem Bogen um die Skilifte herum zum Ringplaneten Saturn geht. Durch Eschach hindurch gelangt der Wanderer – ein Begriff, der übrigens auch das Wort »Planet« umschreiben kann – schließlich zum Eschacher Weiher, wo bereits Uranus auf ihn wartet. Nach einer ausholenden Kehre ist schließlich der äußerste Planet Neptun erreicht, von dem es letztlich überraschend zügig zurück zur Sonne geht – eine Raumkrümmung ist hierfür allerdings nicht unbedingt nötig, nur noch ein wenig Kondition.

🐚 Nicht nur als Etappe des Planetenweges ist der Eschacher Weiher ein beliebtes Ausflugsziel, bei dem man beim Baden einen grandiosen Ausblick auf die Allgäuer Bergwelt genießen kann.

TRANSPARENZOFFENSIVE
Atelier »Wolf Glas und Kunst« bei Weitnau

18

Im beschaulichen Weitnauer Ortsteil Kleinweiler entstehen im Atelier von Susanne Wolf Kunstobjekte der besonderen Art – geschaffen aus einem Werkstoff, den man zunächst nicht unbedingt mit dem Allgäu in Verbindung bringen würde. Denn obwohl in der Region bis zum Ende des 19. Jahrhunderts Glas hergestellt wurde, ist das bayerisch-schwäbische Voralpenland nicht unbedingt als Hochburg der Glasmacherkunst bekannt.

Im Atelier und in der Galerie der gebürtigen Kemptnerin zeigt sich eine beeindruckende Auswahl ungemein filigraner Arbeiten, die doch nur einen kleinen Ausschnitt ihres Schaffens darstellt. Viele Werke der mit zahlreichen Ehrungen ausgezeichneten Glasmalermeisterin gehören längst ihren Kunden, darunter viele Privatpersonen und Sammler, aber auch Behörden oder Unternehmen.

Susanne Wolf, die sich zudem als Gemäldemalerin und Zeichnerin einen Namen gemacht hat, bedient sich in ihrer Kunst unterschiedlicher Techniken. So werden bei der klassischen Glasmalerei sehr dünne Farbschichten nacheinander aufgeschmolzen, während beim sogenannten Glass Fusing wesentlich dickere Strukturen miteinander verschmolzen werden – was dem Werkstoff einen reliefartigen Charakter verleiht und zusätzliche Tiefenwirkung erzeugt. Bei vielen ihrer Objekte kombiniert die Künstlerin beide Methoden, um deren Gegensätzlichkeit als besonderen Reiz zu nutzen.

Die schöpferische Bandbreite der Glaskunstwerkstatt beschränkt sich nicht nur auf einzelne Objekte, sondern umfasst zudem eigens gestaltete Fensterscheiben, die sich in eine bereits vorgegebene Architektur von Wohn- oder Geschäftshäusern einfügen. Auch diese Kunstwerke lassen die Allgäuer Glastradition somit wieder ein wenig aufleben.

✍ Als beliebtes Ausflugsziel in der Umgebung von Weitnau gilt der Aussichtsturm *Alpkönigblick* auf dem Hauchenberg. Etwas unterhalb bietet eine Hütte Getränke und Brotzeit an.

ALTTRAUCHBURG MIT BURGGASTSTÄTTE /// ALTTRAUCHBURG 1 ///
87480 WEITNAU /// FAHREN SIE ÜBER WEITNAU-KLEINWEILER IN
RICHTUNG WENGEN BIS ZUR ERSTEN ABZWEIGUNG RECHTS ODER
FOLGEN SIE AUF DER VERBINDUNGSSTRASSE VON BUCHENBERG
NACH KLEINWEILER DEN SCHILDERN ZUR BURG.

NÄHERE INFORMATIONEN ERHALTEN SIE VOM TOURISMUSBÜRO
WEITNAU /// HOHENEGGSTRASSE 25 /// 87480 WEITNAU ///
0 83 75 / 92 02 41 /// WWW.WEITNAU.DE ///

STEINERNES VERMÄCHTNIS
Ruine Alttrauchburg mit Burggaststätte bei Weitnau

19

Wohl in kaum einer anderen europäischen Landschaft stehen so viele alte Wehranlagen wie in der Burgenregion Oberallgäu. Und auch wenn von vielen dieser meist mittelalterlichen Bauwerke heute kaum mehr als ein paar Steine übrig geblieben sind, haben einige sich dem Zahn der Zeit erstaunlich erfolgreich widersetzt.

Alttrauchburg hoch über dem Weitnauer Ortsteil Kleinweiler ist heute zwar mehr Ruine als Festung. Dennoch kann man sich noch gut vorstellen, wie es so gewesen sein muss, das Leben der Bewohner vor ein paar Hundert Jahren. Die Befestigungsanlage thront auf einem Bergsporn unterhalb des Sonnecks und ist nur von einer Seite aus über eine Vorburg zu erreichen. Die anderen Flanken sind durch steil abfallende Felswände nahezu uneinnehmbar geschützt. Von der Vorburg aus, auf deren Fundament heute eine gemütliche Gaststätte steht, überquert der Besucher den tiefen Graben über eine stabile Holzbrücke und betritt die Festung.

Die Wehranlage entstand wohl bereits Mitte des 12. Jahrhunderts. Ein gewisser Berthold von Trauchburg, in kaiserlichem Auftrag Prokurator von Schwaben, erweiterte schließlich Haus und Wohnturm. Später gingen die Gebäude an die Truchsessen von Waldburg, die die Anlage stetig vergrößerten. Nach der Plünderung 1525 im Bauernkrieg und der späteren Besetzung durch Schmalkaldische Truppen wurde sie erneut ausgebaut. Die Waldburger siedelten jedoch 1690 nach Kisslegg über und errichteten dort schließlich 1784 ihr Schloss Neutrauchburg. Damit waren die Tage der alten Festung gezählt.

Seit Mitte der 1980er-Jahre die weitestmögliche Instandsetzung der Alttrauchburg vorangetrieben wurde, ist die Festung heute eine der am besten erhaltenen Ruinen im gesamten Allgäu.

🖉 Am Ortsteil Wengen führte die alte Römerstraße von Kempten nach Bregenz vorbei. Die Nachbildung eines bei Straßenarbeiten gefundenen Meilensteins befindet sich an der Bushaltestelle Spitalhof.

ZEITLOS IM ZEITENWANDEL

Allgäuer Trachtenschneiderei in Waltenhofen

20

Es sind zunächst einmal die Farben, die den Besucher in seinen Bann schlagen. Alleine schon die fein säuberlich in Regalen gestapelten Stoffbahnen bieten ein ungemein buntes Bild. In der Allgäuer Trachtenschneiderei von Christina Carle können nämlich alle Stoffe auch zum Selbstnähen erstanden werden. Doch natürlich fertigt die kleine Manufaktur im Waltenhofener Ortsteil Memhölz in erster Linie eigene Kreationen und zaubert ihren Kundinnen und Kunden die gewünschte Trachtenkleidung passgenau auf den Leib.

Jedes gearbeitete Stück in Memhölz ist ein echtes Unikat und an den individuellen Vorstellungen der Käufer orientiert. Die Angebotspalette für die Damen reicht von Einzelkomponenten wie Dirndlschürzen oder -miedern über Trachtenröcke bis hin zum kompletten Brautdirndl. Und auch für die Herren bietet die Schneiderei passende Kleidung für besondere Anlässe, aber auch für den Alltag. Wer zudem sein Glück einmal selbst versuchen und sein Geschick mit Nadel und Faden ausprobieren möchte, für den bietet Christina Carle darüber hinaus spezielle Trachtennähkurse an.

Dass in den letzten Jahren eindeutig ein Trend zurück zur Tracht zu verzeichnen ist, mag nur auf den ersten Blick verwundern. Denn gerade in der heutigen Zeit ist der Wunsch nach Verlässlichem, nach Bleibendem stärker als je zuvor. Daher scheint es nur konsequent, dass sich dieses Bedürfnis gerade in einer traditionsbewussten Region wie dem Allgäu besonders in der Kleidung zeigt. Dirndl und Hirschlederne sind eben nicht schnelllebigen Modeerscheinungen unterworfen, sondern sind tatsächlich zeitlos. Sie sind traditionell, aber nicht altmodisch. Und das merkt man besonders hier in Memhölz.

⌀ In unmittelbarer Nähe liegt mit dem Niedersonthofener See einer der schönsten Badeseen des Allgäus. Bei Wanderern beliebt ist die circa zehn Kilometer lange Umrundung – auch wegen der guten Einkehrmöglichkeiten.

ZUR MARIENGROTTE IN WALTENHOFEN-RAUNS GELANGEN SIE ZU FUSS AUF DER STRASSE INS THAL IN RICHTUNG ILLER UND BIEGEN AUSSERHALB DER ORTSCHAFT RECHTS IN EINEN FELDWEG EIN.

NÄHERE INFORMATIONEN ERHALTEN SIE VON DER GEMEINDE WALTENHOFEN /// RATHAUSSTRASSE 4 /// 87448 WALTENHOFEN /// 0 83 03 / 7 90 /// WWW.URLAUB-IN-WALTENHOFEN.DE ///

WEM DANK GEBÜHRT
Mariengrotte bei Waltenhofen

21

Man muss schon wissen, wo man sie suchen muss. Dass die Mariengrotte zwischen Waltenhofen-Rauns und dem Ufer der Iller vor den Blicken Ortsunkundiger verborgen in einem Wäldchen liegt, war wohl Ziel ihres Erbauers. Schließlich wollte Johann Mayr keine Attraktion für Pilger oder gar Touristen schaffen, sondern einen Ort der stillen Besinnung.

Der als sehr in sich gekehrt beschriebene Landwirt errichtete in den Jahren 1916 bis 1918 die Raunser Mariengrotte mit eigenen Händen aus einem Akt großer Dankbarkeit heraus. Denn Johann Mayr war überzeugt, dass er nur mit der Hilfe höherer Mächte um den Militärdienst im Ersten Weltkrieg herumgekommen war: Man hatte seinen Namen auf den Einberufungslisten schlicht vergessen.

Doch ob letztendlich eine göttliche Fügung oder eher die Tücken der Bürokratie für den Bau der Mariengrotte ursächlich war: Sehenswert ist diese allemal. So einzigartig der Anlass zu ihrer Entstehung war, so eigenwillig ist ihre Architektur: Sie besteht beinahe vollständig aus weichem Tuffstein, der als skurril geformte Säulen mehrere Ebenen in die Tiefe bildet. Im zentralen Dreieck im Vordergrund ist – auch heute noch meist umgeben von Kerzen und Blumenschmuck – eine betende Mutter Gottes zu sehen. Unmittelbar unter dem Dachgiebel, der von gebogenen Eisenbahnschienen gebildet wird, ragt eine Reihe von Gesteinsformationen spitz nach unten, sodass beim Betrachter fast der Eindruck entsteht, er sehe in das Innere einer Tropfsteinhöhle.

In den 1920er-Jahren legte Johann Mayr in dem Wäldchen zudem einen Kreuzweg an, der die Mariengrotte als Ort der inneren Einkehr und der Stille vervollständigen sollte. Und das ist dieses versteckte Bauwerk bis heute geblieben.

⌖ Die Burgruine Langenegg am Steilufer der Iller ist heute ein beliebtes Ausflugsziel und am besten vom Ortsteil Martinszell aus zu erreichen.

ZUM WIDDUMER WEIHER FAHREN SIE VON WALTENHOFEN-MARTINSZELL
AUF DER ILLERSTRASSE ÜBER DIE ILLER UND BIEGEN DANN GLEICH LINKS
IN RICHTUNG WIDDUM AB.

NÄHERE INFORMATIONEN ERHALTEN SIE VON DER GEMEINDE
WALTENHOFEN /// RATHAUSSTRASSE 4 /// 87448 WALTENHOFEN ///
0 83 03 / 7 90 /// WWW.URLAUB-IN-WALTENHOFEN.DE ///

STILLE FREUDE
Widdumer Weiher bei Waltenhofen

22

Spektakulär ist er wahrlich nicht, der Widdumer Weiher beim Waltenhofener Ortsteil Martinszell – und das ist vermutlich auch nicht sein Anliegen. Er scheint sich selbst zu genügen, so ruhig wie er daliegt, im noch flacheren Teil des Alpenvorlandes zwischen der Illerschleife bei Häusern und Sulzberg. Was den kleinen Weiher dennoch zu etwas Besonderem macht, ist eben jene Naturbelassenheit, das bewusste Nichteingreifen des Menschen in das Ökosystem.

Aus diesem Grund darf im Widdumer Weiher auch nicht gebadet werden, und Wanderer und Spaziergänger sind angehalten, nur die markierten Wege zu benutzen. Entlohnt werden sie dafür mit einem stets herrlichen Blick auf das Gewässer und die vielen Wasservögel, die sich in diesem Gebiet niedergelassen haben. In der Dämmerung gesellen sich noch die Fledermäuse aus dem nahen Wäldchen zu ihnen.

Nicht nur der Tiere wegen, sondern auch zum Schutz der heimischen Pflanzenwelt hat sich der *Landesbund für Vogelschutz* des Gewässers sowie der Wiesen und ehemaligen Nutzflächen rund um den Weiher angenommen. Und dieser dankt es den Naturfreunden unter anderem mit einer wahren Pracht an Seerosen – besonders in der Blütezeit ein ungemein reizvoller Anblick. Aber auch am Ufer zeigt sich eine üppige und facettenreiche Flora, darunter seltene oder gar gefährdete Arten wie etwa der Fieberklee oder die Mehlprimel.

Wer sich für solch unberührte Natur begeistern kann, wird sich an diesem Gewässer sicher wohlfühlen. Und genau betrachtet, ist er auf seine Art und Weise dann doch wieder spektakulär, der Widdumer Weiher bei Martinszell.

🐟 Am vorderen der beiden Teiche, die dem Weiher vorgelagert sind, steht die kleine Widdumer Fischerhütte, die im Sommer bewirtschaftet und für ihre Fischspezialitäten bekannt ist.

ZUR BURGRUINE FAHREN SIE ÜBER DIE SONTHOFENER STRASSE
RICHTUNG ORTSAUSGANG, DANACH DIREKT RECHTS ABBIEGEN
(NUR BESCHRÄNKT PARKMÖGLICHKEITEN VORHANDEN).

NÄHERE INFORMATIONEN ERHALTEN SIE VON DEN BURGFREUNDEN
SULZBERG /// RATHAUSPLATZ 4 /// 87477 SULZBERG ///
0 83 76 / 9 20 10 /// WWW.BURGFREUNDE-SULZBERG.DE ///
WWW.SULZBERG.DE ///

ZEUGIN DER VERGANGENHEIT
Burgruine in Sulzberg

23

In den Farben Blau und Gelb weht die Fahne über der Ruine. Blau und gelb – oder heraldisch korrekter: blau und golden – wie das Wappen der Gemeinde Sulzberg. Diese wiederum verdankt sowohl ihr Wappen als auch ihren Namen dem alten Geschlecht Sulciberch, das 1176 zum ersten Mal urkundlich Erwähnung fand. Herleiten lässt sich der Familienname wohl von einer »sulzigen« (salzigen) Quelle an einem nahen Berg.

Die Sulzberger hatten für die Fürstäbte von Kempten lange Zeit das Schenkenamt inne, waren also für die Getränkeversorgung zuständig, und galten als eines der einflussreichsten Adelsgeschlechter im gesamten Allgäu. Und doch zog es einen ihren Vertreter, den Ritter Hermann von Sulzberg, bis in die heutige Schweiz nach Goldach am Bodensee, wo er eine Burg erbauen ließ, die ebenfalls bis heute den Namen »Sulzberg« trägt. Dass das Goldacher Ortswappen dem Sulzberger sehr ähnelt, scheint dabei mehr als purer Zufall zu sein.

Mitte des 14. Jahrhunderts starb mit dem Tod Konrads von Sulzberg die Stammlinie aus und Schwiegersohn Marquard von Schellenberg trat die Nachfolge des letzten Sulzbergers an. Dessen Nachfahren bauten später die Burg im Allgäu zum Schloss Sigmundsruh aus, zu Ehren ihres österreichischen Dienstherren. Die Witwe des letzten Schellenbergers musste die Festung wegen hoher Schulden schließlich an ihren Bruder Friedrich von Freyberg-Eisenberg verkaufen, der sie wiederum nur ein Jahr später an den Fürstabt weitergab.

Nach der teilweisen Zerstörung im Zuge des Dreißigjährigen Krieges wurde Burg Sulzberg aufgegeben und sich selbst überlassen. Ihr Verfall währte bis zum Jahr 1984, als sich ein Verein gründete, der die Ruine sanierte und der Öffentlichkeit zugänglich machte. Seitdem weht zu den Öffnungszeiten wieder eine Fahne über Burg Sulzberg – in Blau und Gelb.

🔥 Das Sulzberger Wappen prangt auch auf dem Alten Feuerwehrhaus, welches das lokale Feuerwehrmuseum mit Exponaten aus über 200 Jahren Brandbekämpfung beherbergt.

KREISLEHRGARTEN OBERALLGÄU ///
RIED 6A /// 87477 SULZBERG-RIED ///
WWW.KREISVERBAND-OBERALLGAEU-NORD.DE/KREISLEHRGARTEN ///

SULZBERGER SEE/ÖSCHLESEE /// 87477 SULZBERG ///
BOOTSVERLEIH BEIM STRANDBAD AM OSTUFER ///

SIE ERREICHEN DEN SEE VON SULZBERG ÜBER DIE KEMPTENER STRASSE
ORTSAUSWÄRTS. NACH RUND ZWEI KILOMETERN KANN MAN
RECHTER HAND PARKEN.

EIN KLEINES STÜCK VOM PARADIES

Kreislehrgarten Oberallgäu bei Sulzberg

24

Oft wird es gebraucht, das Bild einer blühenden Oase inmitten einer tristen Umgebung. Doch verliert ein schöner Ort im Umkehrschluss automatisch an Pracht, wenn die umliegende Landschaft ebenfalls schon recht idyllisch anmutet? Für den Kreislehrgarten in Ried bei Sulzberg zumindest gilt dies nicht. Vielmehr steigert dieser Lieblingsplatz die Schönheit des reizvollen Oberallgäus. Und auch wenn der offizielle Name der bunten Insel vielleicht ein wenig sperrig daherkommt – die dargebotene Pflanzenpracht entschädigt dafür mehr als genug. In der 1997 eingeweihten Anlage auf dem ehemaligen Bahnhofsgelände blühen auf 6.000 Quadratmetern die unterschiedlichsten Blumen in den verschiedensten Farbschattierungen. Zudem lassen die zahlreichen Obst- und Gemüsesorten das Herz eines jeden Hobbygärtnuss höher schlagen.

Und genau das ist das Ziel des Kreislehrgartens: Er will Ansporn sein und zugleich so manche Inspiration geben, sich im heimischen Grün ein eigenes kleines Paradies zu schaffen. Gelegenheit, die gesammelten Eindrücke nach einem Rundgang wirken zu lassen, bietet das gemütliche Gartencafé.

Auf eine Besonderheit werden die meisten Kleingärtner zu Hause jedoch wohl leider verzichten müssen: Für einen schmucken Eisenbahnwaggon wie in Ried, der den optischen Mittelpunkt der weitläufigen Anlage und eine Reminiszenz an die einstige Nutzung des Geländes darstellt, dürften die wenigsten Platz im eigenen Garten finden.

🌮 Der Sulzberger See (oder auch Öschlesee) liegt inmitten eines Landschaftsschutzgebietes, ist aber dennoch ein beliebter Badesee, auf dem auch gerudert werden darf.

ZUM PESTFRIEDHOF IN PETERSTHAL GELANGEN SIE IN
OY-MITTELBERG-PETERSTHAL ÜBER DIE STRASSE AM PETERSBACH ///

NÄHERE INFORMATIONEN ERHALTEN SIE VOM KUR- UND
TOURISMUSBÜRO OY-MITTELBERG /// WERTACHER STRASSE 11 ///
87466 OY-MITTELBERG /// 0 83 66 / 2 07 /// WWW.OY-MITTELBERG.DE ///

IM ANGESICHT DES TODES

Eigentlich ist es ein sehr idyllischer Platz. Eine niedrige Steinmauer umgibt das kleine Stück Land auf dem grünen Hügel über den Feldern. Im Schutz zweier Birken ragt ein schmales geschmiedetes Kreuz aus einem Felssockel und setzt sich gegen das Blau des Rottachsees im Hintergrund ab. Doch auf den zweiten Blick wird schnell klar: Die aus massiven Gesteinsbrocken zusammengesetzte Umrandung ist eine Friedhofsmauer.

Als die Orte Petersthal und Moosbach im Jahre 1635 – wie das gesamte Oberallgäu – von der Pest heimgesucht wurden, wagte man es nicht, die unzähligen Toten auf einem normalen Friedhof zu beerdigen. Also wurden sie an einen Ort jenseits der Gemeindegrenzen beigesetzt – eben hier oben auf dem kleinen Hügel am See. Es wird vermutet, dass fremde Truppen im Zuge des Dreißigjährigen Krieges die Pest ins Allgäu trugen. Wie viele Opfer der Schwarze Tod in den beiden Gemeinden forderte, ist allerdings nicht genau überliefert.

Heute liegt der alte Pestfriedhof nicht mehr außerhalb von Petersthal, ein Neubaugebiet ist ihm recht nahe gerückt, von der angrenzenden Straße aus ist die Friedhofsmauer bereits gut zu erkennen. Diese wurde übrigens erst Jahrzehnte nach der Epidemie errichtet und 1960 von Grund auf erneuert, um das Gedenken an die Toten der Pest von 1635 aufrechtzuerhalten.

Heute wissen nicht mehr unbedingt viele Menschen um die Bedeutung des kleinen Hügels am Rottachsee. Was schade ist. Denn es gibt vermutlich kaum einen geeigneteren Platz, um der Opfer jener Zeit würdig zu gedenken und gleichzeitig im Stillen das Leben zu feiern.

☞ *In hartem Kontrast, aber eben auch als Ausdruck purer Lebensfreude liegt gleich nebenan ein gepflegter Badestrand mit Kiosk und vielen Sport- und Spielmöglichkeiten.*

ZUM SCHWARZENBERGER WEIHER FAHREN SIE VON OY-MITTELBERG AUF DER HAUPTSTRASSE RICHTUNG UNTERSCHWARZENBERG, DANN IM KREISVERKEHR AUF DIE B 309 RICHTUNG ZOLLHAUS PARKMÖGLICHKEITEN GIBT ES AM SEE.

NÄHERE INFORMATIONEN ERHALTEN SIE VOM KUR- UND TOURISMUSBÜRO OY-MITTELBERG /// WERTACHER STRASSE 11 /// 87466 OY-MITTELBERG /// 0 83 66 / 2 07 /// WWW.OY-MITTELBERG.DE ///

STILLE WASSER SIND GESUND
Schwarzenberger Weiher bei Oy-Mittelberg

26

Er gehört zu den weniger bekannten Badeseen, der Schwarzenberger Weiher in der Nähe von Oy-Mittelberg, verglichen mit seinen »großen Brüdern« in der Nähe, dem Grüntensee oder dem Rottachsee.

Trotz seiner stattlichen 1,2 Kilometern Länge und 120 Metern Breite genießt der Moorsee inmitten des touristischen Allgäus immer noch ein wenig den Ruf eines Geheimtipps. Doch seine idyllische Lage an einem Waldrand, etwas abseits der A7 und der klassischen Ferienrouten, macht ihn für Kenner und regelmäßige Besucher umso reizvoller.

Vor allem viel Ruhe strahlt das Gewässer aus, und auch wenn es im Hochsommer mal ein paar mehr Gäste anlocken sollte, verlieren sich diese recht bald auf der ausladenden, leicht zum Wald hin ansteigenden Liegewiese. Zudem punktet der Schwarzenberger Weiher mit angenehmen Wassertemperaturen, gilt er doch als einer der wärmsten Badeseen im ganzen Allgäu. Direkt am Strand sorgt darüber hinaus ein Kiosk für das leibliche Wohl der Besucher.

Eine Besonderheit stellt zudem die uralte Moorlandschaft dar, die den Weiher umgibt. Diese schlägt sich auch in der leicht bräunlichen Farbe des Sees nieder. Dem Moorwasser wird eine heilende Wirkung zugeschrieben, vor allem bei Gelenkbeschwerden und Rheuma.

Doch auch ohne diesen gesundheitsfördernden Aspekt ist und bleibt der Schwarzenberger Weiher in jedem Fall ein lohnendes Ziel für lange Sommertage – eben ein echter Geheimtipp.

✍ Zu Fuß oder auf dem Fahrrad lässt sich die Moorlandschaft rund um Oy-Mittelberg erkunden, etwa über den Sticher Weiher mit seinen Moorschnucken und dem Hackschnitzelweg durch das Seemoos.

IN DEN BAUMWIPFELN

Kletterwald Grüntensee bei Oy-Mittelberg

27

Dass man im Oberallgäu nicht nur in den Bergen, sondern ebenfalls in den Bäumen klettern kann, das zeigt der Kletterwald am Grüntensee im Oy-Mittelberger Ortsteil Haslach. Der beliebte Badesee, von dessen Ufern man stets einen Blick auf den Grünten werfen kann – den »Wächter des Allgäus« –, ist ein großer Anziehungspunkt für Wassersportler aller Couleur, aber eben auch für alle Kletterfreunde. In einem Wäldchen direkt am Wasser locken verschiedene Parcours die Besucher in den Hochseilgarten. Sie haben unter anderem die Wahl zwischen dem einsteigerfreundlichen *Koboldweg* in ein bis drei Metern Höhe, der Route *Seeblick* auf mittlerer Ebene oder dem recht anspruchsvollen *Himalaya*-Parcours in den Baumwipfeln. Die einzelnen Strecken sind dabei jeweils durch unterschiedliche Farben markiert.

Moderne Sicherheitssysteme sorgen dafür, dass bei Fehltritten nichts passieren kann. So dürfen schon Kinder ab sechs Jahren – auf dem *Zwergerlweg* sogar bereits ab drei Jahren – zusammen mit einem Erwachsenen die Kletterwege erklimmen. Zuvor erhalten alle Beteiligten eine umfassende Einweisung vom geschulten Personal.

Neben den klassischen Kletterparcours steht den Besuchern als besondere Attraktion ein Slackline-Kurs zur Verfügung. Slackline ist eine Art Seiltanz in niedriger Höhe, bei dem das Seil zwar stramm, aber dennoch ausreichend flexibel gespannt ist, um mit der Verlagerung des Körpergewichts die Balance halten zu können.

Direkt neben dem Kletterwald empfängt das gemütliche Seehaus seine Gäste. Mit seiner Sonnenterrasse, dem großen Biergarten und dem Kinderspielplatz stellt es ein beliebtes Ausflugsziel am Grüntensee dar – und dies nicht nur bei kleinen und großen Wipfelstürmern.

🖋 In unmittelbarer Nachbarschaft zum Kletterwald befindet sich ein gepflegter Badestrand, an dem Boote und Boards zum Stand-up-Paddling ausgeliehen werden können.

VON BLÜTEN, BEEREN UND ZIRBENZAPFEN
Allgäuer Gebirgskellerei in Wertach

28

Als große Weinfreunde sind die Allgäuer eher nicht bekannt. Was daran liegen könnte, dass das heimatverbundene Völkchen in der Regel nur das trinkt, was aus der Region kommt. Und wo keine Weinberge, da auch kein Rebensaft. Oder?

Carsten Hell beweist mit seiner Allgäuer Gebirgskellerei in Wertach das Gegenteil. Seine Lese führt ihn nicht in irgendwelche gemäßigten Südlagen, in denen die Reben brav in Reih und Glied stehen. Wenn er hinauszieht, zupft er auf Wiesen Blüten und Beeren oder in Baumkronen Zapfen. Denn in seiner Kellerei werden Weine, Sektkreationen und Spezialgärungen aus genau diesen Zutaten hergestellt.

Im Grunde lassen sich hierbei vier Weinarten unterscheiden. Da wären erstens die Blütenweine, deren Grundlage die Blütenblätter von Holunder, Rose, Flieder und Löwenzahn bilden. Für seine Beerenerzeugnisse benötigt der aus Heilbronn stammende Weinenthusiast ebenfalls Holunder, es gibt zudem Varianten aus Brombeeren, Erdbeeren, Himbeeren oder Johannisbeeren. Außergewöhnliches erwartet den geneigten Weintrinker bei den speziellen Gärungen: Während man sich ein Produkt aus Gebirgskräutern noch relativ leicht vorstellen kann, wirken die Sorten aus Haselnüssen oder Espressobohnen schon reichlich ausgefallen. Was erst recht für den Zirbenzapfenwein gilt, der nicht nur einen lustigen Namen, sondern zudem ein besonderes harzig-würziges Aroma aufweist. Verschiedene Sektvarianten und ein Löwenzahnhonigwein runden das Sortiment schließlich ab.

Die Kellerei in Wertach bietet auf ihren Weinproben – ob mit oder ohne kleine Beilagen – die Möglichkeit, all diese süffigen Spezialitäten zu verkosten. Und so wird aus dem Allgäu vielleicht ja doch noch ein Weinland.

Der Wertacher Kurgarten verspricht mit seinen Kneippbecken und dem Barfußpfad Entspannung für seine Gäste und bietet mit Konzerten und Ausstellungen darüber hinaus kulturellen Genuss.

STARTEN SIE IHRE ERKUNDUNGSTOUR AM BESTEN AM GROSSEN PARKPLATZ GEGENÜBER DER GEMEINDEVERWALTUNG JUNGHOLZ /// JUNGHOLZ 55 /// AT-6691 JUNGHOLZ /// 00 43 / 56 76 / 81 21 /// WWW.JUNGHOLZ.TIROL.GV.AT ///

EIN STÜCK TIROL IM ALLGÄU

Österreichische Enklave Jungholz

29

Es ist lediglich ein schmales Stück Land auf dem Gipfel des 1.636 Meter hohen Sorgschrofens, das die Gemeinde Jungholz mit ihrem Bundesland Tirol in Österreich verbindet. Und bis auf diese kleine Fläche ist die Enklave nur von Deutschland umgeben.

Wie das Kleinwalsertal, das politisch zum österreichischen Bundesland Vorarlberg gehört, ist also auch Jungholz nur über deutsches Staatsgebiet zu erreichen. Eine Straße aus dem Oberallgäu führt direkt in die beschauliche Ortschaft. Und diese Route wird eifrig genutzt, in erster Linie von deutschen Touristen. Obwohl Jungholz weniger als 300 Einwohner zählt, kann es insgesamt über 700 Gästebetten vorweisen. Zudem lockt der lokale Campingplatz zahlreiche Urlauber an. Im Sommer sind es in erster Line Wanderer und Bergsteiger, die das Bergdorf besuchen, im Winter kommen bevorzugt Skifahrer. Jungholz war das erste Skigebiet in der Region, das bereits 1993 ergänzend auf künstliche Beschneiung setzte – was sich in den immer wärmer werdenden Wintern der letzten Jahre ausgezahlt hat. Die Auswüchse des Massentourismus sucht man in Jungholz dennoch vergeblich. Bewusst setzt die kleine Gemeinde auf Familienfreundlichkeit.

Darüber hinaus hat sich Jungholz einen Namen als Kräuterdorf gemacht. Dazu trägt nicht nur der liebevoll angelegte Garten direkt an der Pfarrkirche bei, sondern es werden im Ort auch Kurse in der Herstellung von Kräutersalben und -seifen angeboten.

Gründe gibt es genug, sich dieses kleine Stückchen Tirol mitten im Allgäu einmal anzuschauen. Und viel einfacher als in Jungholz ist ein Österreichurlaub nun wahrlich nicht zu bekommen.

🖋 Über Oberjoch gelangt man in die sehenswerten österreichischen Orte Schattwald, Zöblen, Tannheim, Grän-Haldensee und Nesselwängle, die zusammen mit Jungholz die Urlaubsregion Tannheimer Tal bilden.

UM ZUR KAPELLE SANKT NIKOLAUS ZU GELANGEN, FAHREN SIE
AUF DER VORDERBURGER STRASSE VON RETTENBERG-KRANZEGG
NACH EMMEREIS.

NÄHERE INFORMATIONEN ERHALTEN SIE VON DER TOURISTINFORMATION
RETTENBERG /// BICHELWEG 2 /// 87549 RETTENBERG ///
0 83 27 / 9 20 40 /// WWW.GEMEINDE-RETTENBERG.DE ///

STILISTISCHE DREIFALTIGKEIT

Kapelle Sankt Nikolaus bei Rettenberg

30

Gleich drei Epochen vereint die kleine Kapelle Sankt Nikolaus in Emmereis bei Vorderburg, einem Ortsteil von Rettenberg. Das ursprünglich als romanische Wehrkirche errichtete Gotteshaus weist auch gotische und barocke Stilelemente auf. Lediglich die dazwischenliegende Renaissance scheint keine größeren baulichen Spuren hinterlassen zu haben. Sankt Nikolaus gilt darüber hinaus als wohl älteste Kapelle des Allgäus.

Bereits Mitte des 12. Jahrhunderts entstand im kleinen Emmereis die Landkirche mit ihrem zu profanen Zwecken genutzten Obergeschoss. Für das Allgäu stellte diese zweigeschossige Bauweise zu jener Zeit eine absolute Ausnahme dar, waren derartige Gotteshäuser doch in erster Linie in Altbayern und Teilen Österreichs zu finden. Erst später wurde die Decke nach oben erweitert und der Innenraum mit frühgotischen Fresken verziert, die unter anderem Szenen aus dem Leben des heiligen Nikolaus zeigen. Im Barock erhielt die Kapelle ihren charakteristischen Kirchturm mit der zwiebelförmigen Haube. Ebenso verschwanden in dieser Epoche die Malereien rigoros unter einer dicken Schicht Putz und sollten erst in den 1970er-Jahren bei Restaurationsarbeiten wieder das Tageslicht erblicken.

Eines der Fresken im Inneren weist auf den mutmaßlichen Erbauer der Kapelle hin. Errichtet wurde sie der Legende nach auf Geheiß eines sagenumwobenen »Schwarzen Ritters«. Dessen Heimstatt wird auf einer nahe gelegenen Festung vermutet, und er selbst soll von einem Kreuzzug in den Jahren 1228 und 1229 nicht zurückgekehrt sein. Die genauen Umstände und gewisse chronologische Unstimmigkeiten lassen sich jedoch heute nicht mehr zur Gänze klären, lediglich die Existenz einer Befestigungsanlage wurde anhand des Burgstalls sicher nachgewiesen.

✆ Etwas außerhalb von Vorderburg führt ein alter Kreuzweg durch einen dichten Wald zum Pestfriedhof, wo im 17. Jahrhundert die Opfer des Schwarzen Todes bestattet wurde – heute ein Ort großer Ruhe und Würde.

BERNHARD GÖHL UND SEINE FAMILIE FÜHREN DIE
BRAUEREI BERNARDIBRÄU /// KAMMEREGGER WEG 7 ///
87549 RETTENBERG-KRANZEGG /// 0 83 27 / 9 32 61 80 ///
WWW.BERNARDIBRAEU.DE ///

BIER VOM BERG

Brauerei »BernardiBräu« bei Rettenberg

31

Wenn von Rettenberg die Rede ist, denken viele Oberallgäuer sowie erwartungsfrohe Touristen zunächst einmal an eines: an Bier. Dies ist vermutlich dem geschickten Marketing des selbst ernannten »Brauereidorfs« geschuldet. Fest steht jedoch eines: Allzu viele 5.000-Einwohner-Gemeinden, die gleich drei Brauereien ihr Eigen nennen können, gibt es sicherlich nicht.

Das jüngste der drei Rettenberger Brauhäuser ist zugleich das am höchsten gelegene – und das deutschlandweit. Als der Braumeister Bernhard Göhl mit seiner Familie 2014 den Betrieb in seiner Heimatstadt gründete, nutzte er nicht eine x-beliebige Gewerbehalle, sondern bezog die ehemalige Seilbahnstation am Grünten. Und von eben diesem Berg kommt das Wasser, das der Diplom-Bierbrauer für seine Produktion verwendet. In Kombination mit weiteren regionalen Zutaten ist die Gebirgsquelle das entscheidende Kriterium für die Qualität der Biere.

Dass sich bei Göhls *BernardiBräu* alles in wohltuend bescheideneren Dimensionen abspielt als bei größeren Herstellern – ganz zu schweigen von den international verwobenen Konzernen mit ihren geschmacklich häufig doch recht austauschbaren »Fernsehbieren« –, zeigt sich schon an der produzierten Menge: Pro Sudvorgang werden nur jeweils 500 Liter ausgestoßen. Auf diese Weise entstehen in dem kleinen Brauhaus individuelle Sorten wie das *Gigglstuinar Märzen* oder *Weizen* und das helle *Allgäuer Hirtenbier* sowie mehrere Bockbiervarianten.

Erhältlich sind die Produkte vor Ort im hauseigenen »Probierstüble« oder in ausgewählten Verkaufsstellen im Allgäuer Raum. Auch viele Gaststätten und Alpen in der Umgebung schenken mittlerweile *BernardiBräu* aus – das Bier des jüngsten Mitglieds der Rettenberger »Brauergilde«.

☞ Wer nicht nur am Biertrinken interessiert ist, sondern zudem Einblicke in die Herstellung gewinnen will, dem sei die Teilnahme an einem Braukurs bei Bernhard Göhl empfohlen.

STARTPUNKT DES NATURERLEBNISWEGS GALETSCHBACH IST
DAS DORFCAFÉ »GRIASS DI« /// BICHELWEG 4 ///
87549 RETTENBERG ///

NÄHERE INFORMATIONEN ERHALTEN SIE VON DER TOURISTINFORMATION
RETTENBERG /// BICHELWEG 2 /// 87549 RETTENBERG ///
0 83 27 / 9 20 40 /// WWW.GEMEINDE-RETTENBERG.DE ///

LEBEN AM FLUSS

Naturerlebnisweg Galetschbach bei Rettenberg

32

Die Wasseramsel weist den Weg. Der rundliche Singvogel mit der charakteristischen weißen Zeichnung an Hals und Brust ziert nicht nur die Hinweisschilder am Erlebnispfad *Abenteuer Galetschbach* – er ist so etwas wie das Maskottchen des lehrreichen Rundweges am Ortsrand von Rettenberg.

Auf 2,6 Kilometern erfahren kleine und große Naturforscher an zwölf Stationen und dem ersten Allgäuer Wassersteig viel Neues über die Lebenswelt rund um den Galetschbach. Die einzelnen Stopps beschäftigen sich zum einen mit dem Thema Wasser in all seinen Facetten, zum anderen mit der lokalen Flora und Fauna. Besucher dürfen experimentieren und lernen somit auf spielerische Weise Wissenswertes über ihre Umwelt. Am Ende der Strecke wartet mit dem *Hasengarten* ein beliebter Naturspielplatz auf die Kinder.

Einen Höhepunkt stellt der Wassersteig dar. Mit Wathosen vor allzu nassen Füßen geschützt und mit einem kräftigen Karabiner an einem Stahlseil gesichert, geht es gute 100 Meter weit durch den Galetschbach. Durch den Perspektivwechsel – nicht am, sondern direkt im Flüsschen zu stehen – ändert sich auch die Sicht auf die üppige Natur rundherum. Erklärungen zu Flora und Fauna bieten spritzwassergeschützte Audiogeräte. Die Wasserausrüstung kann am Café *Griaß Di* neben dem Rettenberger Freibad ausgeliehen werden – am besten auf Vorbestellung. Des Weiteren können sich Besucher Forscherrucksäcke borgen, mitsamt Becherlupe, Fernglas und allem Weiteren, was echte Hobbybiologen auf Expeditionen eben so brauchen.

🐚 Auf andere Art kann das nasse Element in der Nähe bei den Geratser Wasserfällen zwischen Vorderburg und dem Rottachspeicher erlebt werden.

FAHREN SIE VON RETTENBERG DURCH DEN ORTSTEIL WEIHER HINDURCH, DAS NATURDENKMAL GLETSCHERSCHLIFF LIEGT RECHTER HAND.

NÄHERE INFORMATIONEN ERHALTEN SIE VON DER TOURISTINFORMATION RETTENBERG /// BICHELWEG 2 /// 87549 RETTENBERG /// 0 83 27 / 9 20 40 /// WWW.GEMEINDE-RETTENBERG.DE ///

OHNE ECKEN UND KANTEN
Naturdenkmal Gletscherschliff bei Rettenberg

33

Zugegeben, es gibt vielleicht spektakulärere Naturdenkmäler im Oberallgäu als den Gletscherschliff bei dem kleinen Rettenberger Ortsteil Weiher. Aber nur wenige haben einen ähnlich bemerkenswerten geologischen Hintergrund.

Auf den ersten Blick wirken sie von der Straße aus wie zwei gestrandete Wale, die beiden grauen Rundhöcker, die sich auf einer hügeligen Wiese zwischen Weiher und Freidorf erheben. Sieht man sich die Felsformation etwas genauer an, lässt sich aber eine mosaikhafte Struktur erkennen. Diese ist auf das für die Region typische Nagelfluhgestein zurückzuführen, in dem unter anderem Flusskiesel und Schotter fest zu einem Konglomerat aus verschiedensten Materialien verbacken sind – im Allgäu häufig auch als »Herrgottsbeton« bezeichnet.

Das Besondere an diesem Gletscherschliff ist – der Name lässt es bereits erahnen – die glatte Oberfläche der Felsen, die durch Klima- und Wettereinflüsse vor circa 18.000 Jahren entstanden ist. Transportiert wurden die einzelnen Bestandteile des Gesteins aus den Alpen über ein Fluss- und Gletschersystem, das sie bereits vor Millionen von Jahren im Allgäuer Vorland ablud. Entdeckt wurde das bizarre Naturdenkmal allerdings erst in den 1970er-Jahren, als in der Gegend noch Kiesabbau betrieben wurde.

Wie lange der Gletscherschliff in seiner heutigen Form noch den diversen Umwelteinflüssen trotzen kann, vermag niemand genau zu sagen. Grund genug, sich dieses Naturdenkmal auf jeden Fall noch einmal anzusehen – zumindest innerhalb der nächsten paar Tausend Jahre.

Der wohl schönste Aussichtspunkt rund um Rettenberg ist die Gebhardshöhe mit ihrem charakteristischen Pavillon. Sie erreichen sie über die Bergstraße und den Falkensteinweg.

SANFTE BEGLEITER

So hoch wie die Anden sind die Alpen zwar nicht, dennoch fühlt sich ein besonderes Tier aus eben jener südamerikanischen Hochebene im Allgäu sichtlich wohl. Die Rede ist vom Lama.

Der Paarhufer war ursprünglich im gesamten Westen Südamerikas von Ecuador bis Chile und Argentinien verbreitet und stellte für die Andenvölker lange Zeit das klassische Haus- und Nutztier dar. Erst mit der spanischen Eroberung des Kontinents ab dem 16. Jahrhundert verlor das Lama für den Menschen an Bedeutung, als immer mehr Ziegen, Schafe und vor allem Pferde seine Aufgaben übernahmen. In Europa und vor allem in Deutschland fasste das Lama in den letzten Jahrzehnten immer weiter Fuß und wird hier häufig wegen seiner Wolle gehalten. Sein sanftmütiger Charakter macht es aber ebenso zum idealen Begleiter für die tiergestützte Pädagogik oder zum treuen Kameraden bei längeren Wanderungen.

Diesen Ansatz verfolgt auch Klaus Eberle. Er bietet geführte Touren mit Lamas an und verbindet so die Bewegung durch die wunderschöne Allgäuer Bergwelt mit dem Erlebnis, direkt in Kontakt mit diesen außergewöhnlichen Tieren zu treten. Gäste können aus einem stattlichen Portfolio von Ausflügen auswählen, von der zweistündigen, leichten Wanderung bis hin zu mehrtägigen Bergtouren.

Dass Lamas manchmal spucken, ist übrigens wahr. Sie tun dies allerdings nicht gegenüber Menschen, sondern regeln auf diese Weise allenfalls Hierarchiestreitigkeiten untereinander. Von der sonstigen Sanftmütigkeit dieser stolzen Tiere, ihrer Geduld und ihrer beruhigenden Wirkung kann man sich in den Allgäuer Bergen überzeugen lassen – auch wenn diese natürlich nicht die Anden sind!

☞ Am südlichen Rottachberg steht unter zwei Kastanien eine sogenannte Panoramaloge, von der aus man die Allgäuer Bergwelt rund um Rettenberg betrachten kann.

FÜR EINEN BESUCH DES WERDENSTEINER MOOSES FAHREN
SIE AUF DER STRASSE VON WALTENHOFEN-OBERDORF NACH
IMMENSTADT-SEIFEN BIS ZUM GASTHAUS HAXENWIRT ///
THANNERS 6 1/2 /// 87509 IMMENSTADT ///

NÄHERE INFORMATIONEN ERHALTEN SIE VON DER
TOURISTINFORMATION IMMENSTADT /// SEESTRASSE 10 ///
87509 IMMENSTADT /// 0 83 23 / 99 88 77 ///
WWW.IMMENSTADT.DE ///

ZURÜCK ZUR NATUR
Werdensteiner Moos bei Immenstadt

35

»O schaurig ist's übers Moor zu gehen.« So düster beginnt die Dichterin Annette von Droste-Hülshoff ihre bekannte Ballade über die Ängste eines einsamen Knaben des Nachts in einem Sumpfland. Weniger schaurig als vielmehr von erhabener Schönheit und voller Artenvielfalt präsentiert sich dem heutigen Wanderer das Werdensteiner Moos nordöstlich von Immenstadt, auch Werdensteiner Moor genannt. Zumindest bei Tageslicht und vom sicheren, mit weichen Hackschnitzeln ausgestreuten Rundweg aus betrachtet.

Das Moos in seiner heutigen Form ist das Ergebnis einer groß angelegten und relativ langwierigen Renaturierung. Über Jahrhunderte diente der Torf der sumpfigen Landschaft den Bewohnern der umliegenden Dörfer in erster Linie als Brennmaterial. Waren diese von Hand gestochenen, relativ kleinen Mengen an Torf wohl für das Ökosystem noch verkraftbar, besiegelte eine technische Neuerung Mitte des 19. Jahrhunderts vorerst das Schicksal des Werdensteiner Mooses: Die Bahnstrecke Kempten–Immenstadt–Lindau wurde eröffnet. Die neuartigen Dampflokomotiven benötigten Unmengen an Brennmaterial für ihre Kessel – was schließlich zur systematischen Entwässerung und Abtorfung des Moores führte.

Nachdem der Mensch die Landschaft rund 100 Jahre recht rücksichtslos ausgebeutet hatte, versuchte er schließlich ab den 1980er-Jahren, ihren ursprünglichen Zustand wiederherzustellen. Mit Erfolg, wie man heute deutlich sehen kann. Viele heimische Tier- und Pflanzenarten sind in dieses kleine Paradies zurückgekehrt und die Menschen nutzen das Moos nun wieder zur Entspannung und Erholung auf langen Spaziergängen.

✍ In der Nähe liegen die Überreste von Burg Werdenstein mit dem gemütlichen Burgcafé. An einer Wand der Ruine prangt das größte Hufeisen der Welt.

MUSEUM HOFMÜHLE /// AN DER AACH 14 /// 87509 IMMENSTADT ///
0 83 23 / 36 63 /// WWW.MUSEUM-HOFMUEHLE.DE ///

ALLGÄUER HÖRMANNHAUS TÖPFEREI /// KLOSTERPLATZ 3 ///
87509 IMMENSTADT /// 0 83 23 / 44 46 ///
WWW.HOERMANNHAUS-TOEPFEREI.DE ///

IM WANDEL DER ZEIT

Heimatmuseum Hofmühle in Immenstadt

36

Die Hofmühle in Immenstadt ist unbestritten ein Heimatmuseum – obwohl sie zunächst nicht unbedingt wie eines aussieht. Die hohe Eingangshalle und der offene Wandelgang im ersten Stock vermitteln eher den Eindruck einer Kunstausstellung. Und auch die zeitliche Einordnung unterscheidet die Sammlung von vielen klassischen Heimatmuseen. Enden diese thematisch doch häufig spätestens mit dem Zweiten Weltkrieg, wird in der Hofmühle die Historie Immenstadts bis in die heutige Zeit nachgezeichnet.

Dass zudem der lokalen Industriegeschichte recht viel Raum gegeben wird, ist ebenfalls durchaus ungewöhnlich. Ein Grund hierfür ist sicherlich, dass die Hofmühle selbst einmal Teil dieser Vergangenheit war. Im 15. Jahrhundert erstmals urkundlich erwähnt, leistete sie bis 1650 treue Dienste als Mahl-, Säge- und Papiermühle, ehe sie zu einer Hammer- und Achsenschmiede umgewidmet wurde. Nach einem verheerenden Brand im Handwerkerviertel Immenstadts 1763 ließ Hugo Franz Reichsgraf von Königsegg-Rothenfels das altehrwürdige Gebäude wieder aufbauen. 1805 gelangte es als »Stadtmühle« in den Besitz des Königreichs Bayern, ehe es schließlich Teil der *Mechanischen Bindfadenfabrik* wurde. Fortan wurde der Bau zur Stromerzeugung sowie als Färberei und Lagerraum genutzt.

Die heutige Ausstellung verwebt die Geschichte der Hofmühle mit der allgemeinen Entwicklung Immenstadts. So werden beispielsweise die Bedeutung der hiesigen Tracht sowie das Leben an Iller und Alpsee ebenso thematisiert wie die sakrale und weltliche Kunst aus der Region. Insofern also tatsächlich ein fast normales Allgäuer Heimatmuseum. Und doch ein ganzes Stück mehr.

Das Immenstädter Heimatmuseum war bis 1990 im denkmalgeschützten Hörmannhaus am Klosterplatz untergebracht. Heute beherbergt das sorgfältig restaurierte Gebäude von 1757 eine Töpferei.

NÜCHTERN BETRACHTET

Skulptur »Biertrinker« auf dem Bräuhausplatz in Immenstadt

37

Da sitzt er auf seiner Bank und wartet. Vielleicht auf jemanden, der sich auf einen Plausch neben ihn setzt. Vielleicht auf bessere Zeiten. Oder er denkt melancholisch zurück an vergangene Tage, als seine Heimatstadt noch ein geeigneteres Pflaster für seine Leidenschaft war. Der *Biertrinker* auf dem Bräuhausplatz soll an jene Jahre erinnern, als an diesem Standort und in der angrenzenden Bräuhausstraße noch tagtäglich Bier produziert wurde. Zusammen mit dem kleinen bronzenen Brauereigespann ein paar Meter weiter gedenkt die Skulptur der langen Brautradition Immenstadts. Der Bildhauer Andreas Teuchert schuf beide Werke im Jahr 1997. Gestiftet wurden sie von der Immenstädter Ehrenbürgerin Gertrud Sigwart, der letzten Eigentümerin der renommierten Kaiser-Brauerei.

Neben den Kunstwerken erzählen etliche Gebäude in der Bräuhausstraße von der Braugeschichte der Stadt. Im Haus Nummer 1 befand sich das gräfliche Brauhaus von Hugo Franz zu Königsegg-Rothenfels, das 1807 an Franz Anton Höß versteigert wurde – neben seinem Nachfolger August Kaiser der andere große Name des Immenstädter »Brauadels«. In der Bräuhausstraße 6 war einst der gräfliche Marstall untergebracht, der später Höß und danach Kaiser als Lagerhaus diente. Und wo heute Literaturhaus und Stadtbücherei in der Hausnummer 10 ihren Platz gefunden haben, stand früher der Vorgängerbau des gräflichen Brauhauses, der 1765 abbrannte. Wiedererrichtet gelangte das Gebäude erneut in den Besitz der Familien Höß und Kaiser, bis es schließlich 1990 von der Stadt erworben und von 2006 bis 2008 aufwendig saniert wurde.

Angesichts dieser alten Tradition möchte man sich am liebsten einmal neben den *Biertrinker* am Bräuhausplatz setzen und ihm tröstend sagen, dass auch die heutige Zeit ihre guten Seiten hat. Nur eben andere.

✍ Als erste Adresse gilt in Immenstadt immer noch der bekanntere Marienplatz mit dem Stadtschloss und zahlreichen anderen historischen Gebäuden.

DER PARK DER VILLA EDELWEISS LIEGT ZWISCHEN DER ADOLPH-PROBST- UND DER EDMUND-PROBST-STRASSE /// 87509 IMMENSTADT ///

WEITERE INFORMATIONEN ERTEILT DIE TOURISTINFORMATION IMMENSTADT /// SEESTRASSE 10 /// 87509 IMMENSTADT /// 0 83 23 / 99 88 77 /// WWW.IMMENSTADT.DE ///

RUHEZONE
Park der Villa Edelweiß in Immenstadt

38

Besonders am frühen Morgen, wenn die Stadt noch schläft und rundherum Stille herrscht, übt er einen besonderen Reiz aus, der Park der Villa Edelweiß in Immenstadt. Sich dort auf ein Bänkchen zu setzen, den einsamen Gestalten einen kurzen Gruß zuzunicken, die so früh am Morgen schon mit ihren Hunden unterwegs sind, und sich auf den Tag einzustimmen, hat beinahe einen meditativen Charakter. In der kleinen Oase mit ihrem üppigen Baumbestand und der großen Pflanzenvielfalt lässt sich auch das stete Wechselspiel der Jahreszeiten gut nachvollziehen – vom Knospen der ersten Blüten im Frühling über das satte Grün im Sommer bis hin zum bunten Blätterreigen im Herbst und der dichten Schneedecke im Winter.

Angelegt wurde der Park ursprünglich als Garten der Villa Edelweiß, einem stattlichen Gründerzeitbau aus den 1880er-Jahren, der von Edmund Probst in Auftrag gegeben worden war. Der Unternehmer war zudem begeisterter Alpinist und langjähriger Vorstand der Alpenvereinssektion Allgäu-Immenstadt – was ihm nach seinem Tod unter anderem mit der Umbenennung des »Nebelhornhauses« bei Oberstdorf in »Edmund-Probst-Haus« gedankt wurde.

Heute ist die denkmalgeschützte Villa Edelweiß samt Park im Besitz der Gemeinde Immenstadt und beherbergt die Städtische Musikschule. Der in Gelb gehaltene Prachtbau mit seinen modernen Skulpturen im Vorgarten hebt sich geradezu malerisch von den steil aufragenden Bergen im Hintergrund ab. Er gehört ohne Frage zu den beeindruckendsten Gebäuden in Immenstadt. Von der Innenstadt jenseits der Bahngleise erreicht man über eine Fußgängerbrücke das Grundstück in wenigen Minuten – und kann sofort die friedliche Ruhe und idyllische Kulisse jenseits des Alltagstrubels genießen.

Ein weiterer schöner Park Immenstadts ist der gepflegte Klostergarten am Kirchplatz hinter der Kirche Sankt Nikolaus. Besonders bei Kindern sind die liebevoll gestalteten Tierskulpturen am Vogelbrunnen sehr beliebt.

Der Apollofalter – ein Sinnbild für die Naturvielfalt

NATURERLEBNISZENTRUM IM ALPSEEHAUS /// SEESTRASSE 10 ///
87509 IMMENSTADT-BÜHL /// 0 83 23 / 9 98 87 50 ///
WWW.ALPSEEHAUS.DE ///

FREIBAD AM KLEINEN ALPSEE /// AM KLEINEN ALPSEE 1 ///
87509 IMMENSTADT-BÜHL /// 0 83 23 / 87 20 ///
WWW.STADTWERKE-IMMENSTADT.DE ///

OPERATION NAGELFLUHKETTE

Schon der Standort ist einen Ausflug wert. Direkt beim Bühler Hafen am Großen Alpsee beherbergt ein moderner Bau mit großen Holzfronten die Immenstädter Gästeinformation sowie die Geschäftsstellen des *Naturparks Nagelfluhkette*, des *Bund Naturschutz* und des *Naturerlebniszentrums Allgäu*. Im Erdgeschoss verwöhnt ein kleines Café mit Kaffee und Kuchen und bietet Käse der Bergkäserei Diepolz sowie andere regionale Erzeugnisse an.

Das Herzstück des *AlpSeeHauses* bei Immenstadt bildet jedoch die Ausstellung zum *Naturpark Nagelfluhkette*. Der Besucher nimmt dabei spielerisch die Perspektive eines Außerirdischen ein, der mit seiner Crew inkognito auf der Erde gelandet ist – oder genauer gesagt direkt im Allgäu – und nun die Aufgabe hat, den Naturpark näher zu erforschen. Er kann einiges in Erfahrung bringen, zum Beispiel, dass das Gebiet über 400 Quadratkilometer groß ist und grenzüberschreitend sieben Allgäuer Gemeinden und acht Orte aus dem Bregenzerwald umfasst. Seinen sonderbaren »Nachnamen« verdankt der Naturpark dem vorherrschenden Gestein in der Gegend, dem sogenannten Nagelfluh. Dieser weist häufig eine mosaikartige Struktur auf und entstand vor circa 25 Millionen Jahren, als Ablagerungen großer Flüsse in Form von Geröll, Schlamm und Sand unter hohem Druck miteinander verbacken wurden.

Auf der weiteren Forschungsreise als Außerirdische entdecken Besucher an interaktiven Wissensstationen unter anderem die vielfältige Flora und Fauna in den Allgäuer Wäldern und Wiesen sowie in den Flüssen und Seen. Aber auch die Spezies Mensch und deren Umgang mit der Natur wird genauer unter die Lupe genommen – was wohl nicht immer positiv für uns Erdlinge ausfallen dürfte.

☞ Am benachbarten Kleinen Alpsee kann man sowohl im See als auch in den beheizten Becken des Freibades schwimmen.

UNTER WEISSEN SEGELN

Lädine »Santa Maria Loreto« auf dem Alpsee
bei Immenstadt

40

Obwohl die Allgäuer nicht unbedingt als große Seefahrer bekannt sind, gibt es doch einen Ort, an dem sie mit Vorliebe die Segel setzen: auf dem Großen Alpsee bei Immenstadt. Als eine Art Flaggschiff auf diesem Gewässer gilt die *Santa Maria Loreto* mit Bühl als Heimathafen.

Das Schiff mit dem klangvollen Namen ist ein für die Personenbeförderung ausgelegter Segler, der 2003 nach dem Vorbild einer historischen Lädine gebaut wurde. Dieser ursprünglich wohl schon in der Römerzeit verwendete Bootstyp wurde auf dem Bodensee seit dem 15. Jahrhundert als vielseitiger Lastensegler eingesetzt. Von seiner Funktion leitet sich auch sein Name ab:»Lädi« bedeutet im Alemannischen»Last«.

Häufig wurden Lädinen am Bodensee für den Salztransport verwendet, womit sich der Kreis zum Großen Alpsee schließt. Immenstadt war zu Beginn der Neuzeit ein bedeutender Handelsplatz an der Salzstraße von Tirol an den Bodensee. Ein ähnlicher Lastensegler wie die Immenstädter *Santa Maria Loreto* wurde dort im klanglich verwandten Immenstaad vor einiger Zeit in Betrieb genommen.

Und auch wenn der Große Alpsee in seinem Ausmaß nicht ganz mit dem Bodensee mithalten kann, macht es dennoch enormen Spaß, ihn auf der *Santa Maria Loreto* zu erkunden. Im Sommer sticht das zwölf Meter lange Segelschiff mehrmals am Tag in See. Bis zu 25 Passagiere können von Bord aus die Schönheit des Gewässers genießen. Die Lädine kann zudem speziell für Familienfeiern oder Vereinsausflüge gebucht werden – oder sogar für Trauungen. Und wer weiß: Vielleicht sind die Allgäuer insgeheim ja doch eine kleine Seefahrernation.

✍ Wer sein Glück auf dem nassen Element selbst einmal versuchen möchte, für den bietet die Wassersportschule in Bühl diverse Kurse an: vom Surfen und Segeln übers Kiten bis hin zum Motorbootfahren.

Sternwarte Oberallgäu e.V.

Beobachtungsstation Knottenried

Eintritt frei -
Spenden erwünscht!

Werden Sie
Mitglied!

DIE STERNWARTE BEFINDET SICH IN KNOTTENRIED AM ORTSAUSGANG
RICHTUNG DIEPOLZ GEGENÜBER DEM WANDERPARKPLATZ ///
87509 IMMENSTADT-KNOTTENRIED /// 0 83 23 / 60 98 05 ///
WWW.STERNWARTE-OBERALLGAEU.DE ///

ALLGEGENWÄRTIG

Nachts ist es einsam, oben an der Sternwarte Oberallgäu im kleinen Ort Knottenried bei Immenstadt. Und ruhig. Und vor allem: dunkel. Obwohl diese simple Erkenntnis wie eine Binsenweisheit klingen mag: Tatsächlich erleben auch im beschaulichen Allgäu nur noch die wenigsten Menschen wirklich tiefschwarze Nächte. Wie in dichter bevölkerten Gegenden erhellen im hohen Süden mittlerweile vielerorts Straßenlaternen oder vorbeifahrende Autos das Firmament.

Die selten gewordene außergewöhnliche Dunkelheit ist es daher auch, welche die Mitglieder des *Oberallgäuer Sternwarten-Vereins* und ihre Gäste immer wieder hier herauf auf 1.000 Meter Höhe lockt, um fernab vom Streulicht der Städte einen ungetrübten Blick in den Sternenhimmel zu erhaschen.

Dann wird das fahrbare Dach der 1999 fertiggestellten Beobachtungshütte geöffnet und sie richten ihre Teleskope auf all die Planeten, Sterne und Galaxien, die das Weltall in seiner ganzen Pracht offenbart. Bei klarer Sicht können sie Kometen auf ihrem Weg durch unser Sonnensystem verfolgen und die bizarren Kraterlandschaften auf dem Mond erkunden.

Dabei ist die Begeisterung für die Astronomie und das Erforschen des Nachthimmels immer ein wenig mehr als ein »einfaches« Hobby. Wer sich mit all dem Unglaublichen, das sich über unseren Köpfen abspielt, eine Weile befasst, der kommt zwangsläufig irgendwann ins Grübeln, vielleicht sogar ins Philosophieren: über die scheinbare Unendlichkeit des Weltalls, über dessen unfassbare Dimensionen – und über die Stellung des Menschen und der eigenen Person auf diesem kleinen blauen Planeten inmitten eines gigantischen Raumes. Ein guter Ort, um solchen Gedanken nachzusinnen, ist die Sternwarte Oberallgäu gewiss, hoch oben in der Dunkelheit von Knottenried.

✐ Vom Parkplatz bei der Sternwarte aus lässt sich die Schönheit der irdischen Umwelt auf ausführlichen Panoramawanderungen erfahren. Im Winter ist Knottenried zudem Einstiegspunkt für mehrere Langlaufrundkurse.

**ALLGÄUER BERGBAUERNMUSEUM /// DIEPOLZ 44 ///
87509 IMMENSTADT-DIEPOLZ / 0 83 20 / 9 25 92 90 ///
WWW.BERGBAUERNMUSEUM.DE ///**

ERLEBTES WISSEN
Allgäuer Bergbauernmuseum bei Immenstadt

42

Dass die Kuh vier Mägen hat, das dürften viele noch aus dem Schulunterricht wissen. Warum sie aber wiederkäut oder wie sie das gefressene Gras in Milch verwandelt – das sind schon kompliziertere Fragen. Beantwortet werden diese quasi hautnah: im begehbaren Kuhmagen des Allgäuer Bergbauernmuseums in Diepolz bei Immenstadt. Doch diese Attraktion ist natürlich bei Weitem nicht alles, was das Museum zu bieten hat. In einer weitläufigen Runde können kleine und große Besucher alles über Milchwirtschaft, Tierhaltung und das landwirtschaftliche Leben erfahren. Von der Dauerausstellung im Eingangsgebäude, in dem unter anderem der Museumsladen untergebracht ist, »arbeiten« sich die Gäste wortwörtlich erst einmal nach oben, nämlich den Berg hinauf. Über den Kräutergarten geht es zum Bauernhof, der nicht nur einen musealen Zweck erfüllt, sondern noch aktiv bewirtschaftet wird. Auf dem Areal leben neben Kühen auch Hühner und Schafe.

Ebenfalls nicht allein zur Anschauung dienen der Bienenstock und das Imkerhaus, der dort gewonnene Honig wird im Laden angeboten. Über die Panoramatenne geht es weiter hinauf zum Sattler-Hof und dort auf Zeitreise in den bäuerlichen Alltag vergangener Tage. Die Strecke führt vorbei an Heuschinde und Rindenkoben – einer Lagerhütte für Heu und einem Unterstand für Holzfäller – und vorüber am Waldspielplatz auf einen Abstecher zur Rosshütte, in der das harte Leben der Waldarbeiter thematisiert wird.

Nach einem herrlichen Ausblick von der Panoramaplattform auf die Allgäuer Bergwelt kann auf der *Höfle-Alpe* Brotzeit gemacht werden. Und wie die frische Milch dafür entstanden ist, das dürften alle Besucher auf dem Weg hierher nun ja gelernt haben.

🖉 Wer noch weiter möchte, kann von der *Höfle-Alpe* auf dem *Erlebnispfad Kuhnigundenweg* zum Eingang des Museums zurückkehren – und unter anderem im wahrsten Sinne des Wortes mit dem Ofenrohr ins Gebirge schauen.

CARL-HIRNBEIN-MUSEUM /// HAUPTSTRASSE 45 ///
87547 MISSEN-WILHAMS ///

NÄHERE INFORMATIONEN ERHALTEN SIE VOM TOURISMUSBÜRO
MISSEN-WILHAMS /// HAUPTSTRASSE 45 /// 87547 MISSEN-WILHAMS ///
0 83 20 / 4 56 /// WWW.MISSEN-WILHAMS.DE ///

VOM BLAUEN ZUM GRÜNEN ALLGÄU
Carl-Hirnbein-Museum in Missen-Wilhams

43

Wenn in Schriften von Heimatforschern die wirtschaftliche Geschichte des Allgäus beleuchtet wird, stößt der Leser häufig auf ein recht anschauliches Sprachbild: den Übergang »vom blauen zum grünen Allgäu«. Er beschreibt den Wandel der regionalen Landwirtschaft, die zunächst auf Flachsanbau und Leinengewinnung ausgelegt war – die Blüte der alten Kulturpflanze zeigt sich in einem kräftigen Blauton –, hin zur Milchviehhaltung auf den satten grünen Bergwiesen.

Als Wegbereiter dieses Prozesses gilt der 1807 in Wilhams geborene Agrarreformer Carl Hirnbein. Der gelernte Kaufmann, der zunächst als Fuhrmann tätig war, galt für damalige Verhältnisse als weit gereister Mann, der seine ökonomischen Erfahrungen schließlich in den Aufbau seines »Milchimperiums« einbrachte. Dabei schloss er mit vielen hiesigen Bauern feste Verträge über deren Milchlieferungen ab, was die Struktur der heimischen Landwirtschaft bis zum heutigen Tage verändern sollte. Orientiert haben dürfte sich Hirnbein an den Gepflogenheiten in der Schweiz, wo neben der Milchwirtschaft auch die Bedeutung des Fremdenverkehrs schon in jenen Tagen erkannt wurde. So war es für den emsigen Geschäftsmann schließlich nur konsequent, mit dem Grüntenhaus bei Burgberg das erste Bergsteigerhotel in den Allgäuer Alpen zu eröffnen.

Dem Leben und Wirken dieses großen Sohnes des Allgäus kann im Missener Carl-Hirnbein-Museum nachgespürt werden. Unter der Federführung des Heimatforschers Josef Bettendorf entstand nicht nur eine umfangreiche Sammlung historischer Schriften, sondern auch eine Ausstellung alter Werkzeuge – aus eben jener Zeit, als das »blaue« Allgäu »grün« wurde.

☞ Auf den Spuren des »Alpkönigs« Carl Hirnbein kann man ebenfalls auf einem kulturhistorischen Erlebnisweg zwischen Missen, Wilhams und Weitnau wandeln.

AUF DEM TEPPICH GEBLIEBEN

»Allgäuer Handwebereien Thalkirchdorf«
bei Oberstaufen

44

Der kleine Oberstaufener Ortsteil Thalkirchdorf, der selbst noch einmal aus sieben verschiedenen Dörfern besteht, liegt ein paar Kilometer östlich der Hauptgemeinde – und beherbergt dennoch eine Manufaktur der besonderen Art. Seit 1927 werden in den *Allgäuer Handwebereien Thalkirchdorf* gemäß einer alten regionalen Handwerkstradition echte Schafwollteppiche gefertigt.

Vor ihrer Verarbeitung wird die Schurwolle ohne Zugabe chemischer Substanzen gewaschen, und auch bei der Färbung kommen nur ökologisch unbedenkliche Farbstoffe zum Einsatz. Diese Verfahren machen die gefertigten Stücke insbesondere für Allergiker interessant. Neben ihren Waren aus Schurwolle produziert die Werkstatt des Weiteren hochwertige Baumwollteppiche. Die zahlreichen Mitarbeiter stellen alle Teppiche wie einst auf traditionellen Holzwebstühlen her. Daher ist jedes Exemplar ein echtes Unikat, das eigens zertifiziert wird. Diese althergebrachte Art der Handweberei wird in Deutschland fast nur noch in Thalkirchdorf praktiziert. Pro Monat werden auf diese Weise rund 3,5 Tonnen Wolle verarbeitet.

Doch mittlerweile hat sich die Thalkirchdorfer Manufaktur auch auf einem anderen Gebiet einen Namen gemacht: In der angeschlossenen Tenne werden in einer Ausstellung nicht nur die Arbeiten des Handwerksbetriebs präsentiert, sie dient darüber hinaus auch als spektakuläre Kulisse für allerlei Konzerte und Kleinkunstabende. Zudem lädt das rustikale *Webstüble* mit seinem holzvertäfelten Gastraum und der großen Sonnenterrasse zu Allgäuer Spezialitäten und Wildgerichten ein. Ein Besuch hier draußen im kleinen Thalkirchdorf lohnt sich also in vielerlei Hinsicht – nicht nur der schönen Teppiche wegen.

In der Sennerei des *Thalkirchdorfer Dorfhauses* können sich Interessierte in einem Kurs in der Kunst des Käsemachens üben.

TRADITION VERPFLICHTET

Stellte man sich ein typisches Allgäuer Bauernhaus vor, würde es wohl exakt so aussehen wie *s'Huimatle* im Oberstaufener Ortsteil Knechtenhofen. Der Bau aus dem 17. Jahrhundert beherbergt heute ein Museum – und ist zugleich selbst Teil der Ausstellung. Das alte Gebäude bildet die stilechte Kulisse für eine umfangreiche Sammlung über das bäuerliche Leben und den mühevollen Arbeitsalltag längst vergangener Tage.

Vom Hausgang, in der auch die Küchenzeile mit der Feuerstelle untergebracht ist, erreicht der Besucher die großzügig bemessene Bauernstube und das Schlafzimmer. Eine Treppe führt vom Gang hinunter in den Keller, der als sogenannte Käseküche diente. Die Sennerei war für viele Bauernfamilien eine Möglichkeit, sich in schweren Zeiten – und die Zeiten waren selten leicht – ein kleines Zubrot zu verdienen. Bevor die Milchwirtschaft zum dominierenden Wirtschaftszweig im Allgäu wurde, lebten die meisten Landwirte vornehmlich von der Flachsverarbeitung, was heute der Webstuhl und andere Werkzeuge im Obergeschoss des Bauernhauses illustrieren. Zudem werden andere damalige Berufe in der Ausstellung thematisiert, unter anderem in einer Sattler- und einer Schusterwerkstatt.

Dass *s'Huimatle* in seiner jetzigen Form überhaupt besucht werden kann, ist der Verdienst des *Heimatvereins Thalkirchdorf*. Dieser erwarb das alte Anwesen im Jahr 1975 und richtete es in dreijähriger Arbeit wieder her, um es als Museum der Öffentlichkeit zugänglich zu machen. Damit sich die Menschen eben heutzutage nicht alleine auf ihre bloße Vorstellungskraft verlassen müssen.

Nicht nur der bäuerlichen Geschichte, sondern speziell der Entwicklung des Marktes Oberstaufen wird im anderen örtlichen Museum *Beim Strumpfar* nachgespürt – von der ersten urkundlichen Erwähnung bis heute.

WO DER RHEIN DURCHS ALLGÄU FLIESST

Modellbahnanlage »Miniwelt« in Oberstaufen

46

Ein Stück Heimat hat er sich aufgebaut, mitten im Allgäu. In einer großen Halle in der Nähe von Oberstaufen hat der gelernte Elektrotechniker Heribert Stadtfeld eine Modellbahnanlage erstellt, wie es sie sicherlich kein zweites Mal gibt: Mit absoluter Liebe zum Detail erschuf der gebürtige Rheinland-Pfälzer zusammen mit zwei befreundeten Schreinermeistern eine Miniaturwelt rund um Rhein und Mosel.

Alleine die technischen Details dürften selbst Zeitgenossen beeindrucken, die sonst mit Modelleisenbahnen eher wenig anfangen können. Auf zweieinhalb Kilometern Gleisen fahren um die 200 Züge mit insgesamt über 2.500 Waggons und werden dabei von 400 Weichen in die richtigen Bahnen gelenkt. Doch beinahe noch mehr Begeisterung löst wohl die liebevolle Nachbildung der typischen rheinland-pfälzischen Landschaft mit ihren Sehenswürdigkeiten aus. Das Diorama zeigt unter anderem den bekannten Streckenabschnitt zwischen Koblenz und Bingen, der im Jahr 2002 zum UNESCO-Weltkulturerbe erklärt wurde. Mittelpunkt der Anlage ist jedoch unbestritten das Deutsche Eck, das eindeutig den höchsten Wiedererkennungswert hat.

Will man den Aufwand beschreiben, der für den Nachbau der Landschaft nötig war, sind wieder enorme Größenordnungen gefragt: Alleine 26.000 Bäume wurden gesetzt, 3.000 Kilogramm Gips verbaut und 600 Gebäude errichtet. Über die gesamte Anlage mit ihren 300 Quadratmetern Fläche verteilen sich insgesamt 5.000 Mini-Rheinland-Pfälzer – wobei sich darunter bestimmt auch ein paar Mini-Touristen befinden dürften. Das ist an Rhein und Mosel dann wohl auch nicht anders als im Allgäu.

✍ Quasi gegenüber der *Miniwelt* liegt die 850 Meter lange Sommerrodelbahn am Hündle.

UM NACH ZELL ZU GELANGEN, FAHREN SIE VON DER ISNYER STRASSE IN OBERSTAUFEN ÜBER BUFLINGS IN DIE URGEMEINDE DES ALLGÄUS.

NÄHERE INFORMATIONEN ERHALTEN SIE VON DER TOURISTINFORMATION OBERSTAUFEN /// BAHNHOFSPLATZ 1 /// 87534 OBERSTAUFEN /// 0 83 86 / 93 00 04 23 /// WWW.OBERSTAUFEN.DE ///

ALLES AUF ANFANG

Urgemeinde Zell bei Oberstaufen

47

Eigentlich, so eine journalistische Grundweisheit, verbieten sich Wortspiele mit Namen. Ob dies nur für Personen gilt oder im Zweifel auch für Orte, darüber streiten sich die Gelehrten. Im Fall der kleinen Gemeinde Zell nördlich von Oberstaufen kommt man jedoch beim besten Willen nicht um eine gewisse Analogie herum: Zell gilt tatsächlich als Urzelle des Allgäus.

An der Stelle, wo seit 1440 die gotische Kirche Sankt Bartholomäus beheimatet ist, stand nach allem, was heute bekannt ist, einst eine kleine Holzkirche. Samt der sie umgebenden Siedlung wurde diese im Jahr 817 von einem gewissen Wisirich, dem Spross eines alemannischen Adelsgeschlechts, an das Kloster Sankt Gallen verschenkt. In der dazugehörigen Urkunde tauchte zum ersten Mal das Wort »Albgau« auf, aus dem sich der heute gebräuchliche Begriff »Allgäu« entwickelte. Später soll Wisirich »sein« Zell vom Kloster zurückgemietet und dafür einen regelmäßigen Pachtzins entrichtet haben.

Wie viele Einwohner das alte Zell damals zählte, ist nicht überliefert. Viel mehr als die gut 50 Personen, die heute in dem kleinen Dorf leben, dürften es aber nicht gewesen sein. Und viel ruhiger war es zu Zeiten des edlen Wisirich sicherlich auch nicht. Wer heute ein paar Stunden – oder sogar Tage – im Ort verbringt und die Gelegenheit für einen Spaziergang in der Umgebung nutzt, dem wird im Anschluss sogar der beschauliche Kurort Oberstaufen ein wenig hektisch vorkommen. Allzu viel hat sich im »Albgau« also allem Anschein nach nicht verändert, seit der ersten Erwähnung vor 1.200 Jahren.

✍ Ein besonderer Tag ist in Oberstaufen jedes Jahr der »Fasnatziestag«, der Faschingsdienstag. Nach einem festen Ritual wird bei einem Umzug der Toten gedacht, die 1635 der Pest zum Opfer fielen.

ERLESENE AUSWAHL
Lesecafé »books« in Oberstaufen

48

Obwohl der Begriff »Entschleunigung« schon etwas abgegriffen ist: An einem bestimmten Ort im Oberallgäu kann man erfahren, was damit gemeint sein muss. Alternativ lässt sich die Atmosphäre, die den Gast im Lesecafé *books* in Oberstaufen erwartet, so umschreiben: Hier kann man sich noch Zeit lassen.

Die Melange aus Café und Buchhandlung zeugt von anderen, fast schon vergangenen Tagen, als das Lesen von Zeitungen oder Büchern noch etwas mit Muße zu tun hatte. Und dass vor allem im Sommer auf der Terrasse ein geradezu mediterranes Flair aufkommt, mag zwar auch an dem eigens aus Florenz eingeführten Kaffee liegen – aber eben nicht nur. Zudem beweisen 40 ausgewählte Sorten Tee auf der Getränkekarte die Vielfalt des Straßencafés. Weit über Oberstaufen hinaus bekannt ist das *books* zudem für seine vegetarischen und veganen Speisen sowie für die hausgemachten Kuchen.

In der Buchhandlung wird Wert auf persönliche Beratung gelegt. Inhaber Karl-Ludwig Maier und seine Mitarbeiter haben durch jahrelange Erfahrung ein gewisses Gespür entwickelt, was den einzelnen Kunden gefallen könnte. Ein gutes Gespräch und echtes Interesse liegen dem Team am Herzen – denn nach irgendwelchen Algorithmen können sich ja andere richten.

Das *books* bietet eine seltene, gelungene Mischung aus Leselust und Genuss. Und auch wenn das eine das andere nicht zwangsläufig bedingt, so lässt sich das Vergnügen am einen doch durchaus durch die Freude am anderen steigern. Vorausgesetzt, es ist genügend Zeit vorhanden. Dann darf man das auch ruhig einmal »Entschleunigung« nennen.

✆ Im weitläufigen Kurpark von Oberstaufen kann man ebenfalls in Ruhe lesen. Oder sich die außergewöhnlichen Skulpturen ansehen.

BRENNENDE LEIDENSCHAFT

Kräuteralp Hörmoos bei Oberstaufen

49

Wer hier oben recht einsam auf 1.300 Metern lebt, braucht Zeit. Und wer – aus Naturschutzgründen – nur einmal im Jahr im Herbst bis auf 1.800 Meter hinaufsteigt, um nach mindestens zwölf Jahre alten Enzianwurzeln für Selbstgebrannten zu graben, braucht zudem Geduld. Michel Schneider hat beides.

Der Besitzer der höchstgelegenen Destillerie im Allgäu verarbeitet nicht nur die knorrige Wurzel des Gelben Enzians zu einer edlen Spirituose, sondern bedient sich vieler weiterer Pflanzen der Alpenregion für seine Produkte. Er pflückt sie auf den umliegenden Bergwiesen oder zieht sie in seinem malerischen Kräutergarten selbst. In seinem Sortiment finden sich Destillate und Cuvées aus Holunder- oder Johannisbeeren, aber auch aus ausgefallenen Zutaten wie Latschenkieferzapfen oder Steinpilzen. Des Weiteren werden auf der Alpe Hörmoos diverse Kräuterliköre und angesetzte alkoholische Spezialitäten hergestellt sowie hochwertige Öle, Essige und Balsame. Eine relativ neue Idee sind die hochprozentigen Essenzen in Glaszerstäubern, deren Aromen edle Speisen entweder beim Kochen oder direkt am Tisch weiter verfeinern sollen.

Neben der Brennerei, die der Autodidakt zusammen mit seiner Frau Gerda betreibt, hütet Michel Schneider im Sommer das Jungvieh der Bauern aus den Talregionen auf seinen saftigen Almwiesen. Zudem nimmt er interessierte Gäste auf ausgedehnte Kräuterspaziergänge mit oder führt sie im Winter auf Schneeschuhwanderungen durch die heimische Bergwelt. Und im persönlichen Umgang mit den Besuchern zeigen sich auch wieder seine beiden wichtigsten »Zutaten« als beliebter Wanderführer und erfolgreicher Destillateur: Zeit und Geduld.

⌖ Quartier für erholsame Tage bietet der benachbarte Alpengasthof Hörmoos, der von Schneiders Bruder Klaus und dessen Familie betrieben wird.

WASSERSKI- UND WAKEBOARD-PARK AM INSELSEE /// AM INSELSEE 4 ///
87544 BLAICHACH /// 0 83 23 / 9 89 69 10 ///
WWW.INSELSEE-ALLGAEU.DE ///

SPRUNG AUFS KALTE WASSER

Wasserski- und Wakeboard-Park am Inselsee bei Blaichach ⟨50⟩

Dass man sich im Oberallgäu von Zeit zu Zeit zwei Bretter unter die Füße klemmt, ist an und für sich nichts Ungewöhnliches. Dass man dafür allerdings bis in den April warten muss, eher schon. Im vierten Monat des Jahres beginnt in Blaichach nämlich die Wasserskisaison.

Und eigentlich müssen es nicht einmal zwei Skier sein. Auch auf einem sogenannten Wakeboard – einer Art Surfbrett – können sich Gäste über den Inselsee ziehen lassen. Drei Lifte stehen den Wassersportlern in Blaichach zur Verfügung. Je nach Können bietet jeder von ihnen individuelle Trainingsmöglichkeiten und ermöglicht ein langsames Herantasten an den nächsten Schwierigkeitsgrad. Wem das reine Dahingleiten auf dem Wasser auf Dauer dennoch ein wenig eintönig erscheinen mag, für den sind zusätzlich Rampen installiert – sogenannte »Slider« und »Kicker« –, auf denen gewagte Figuren gefahren werden können.

Das Café Inselsee mit seinen Sonnenterrassen und dem einladenden Biergarten bietet weniger sportambitionierten Besuchern die besten Plätze, um sich entspannt zurückzulehnen und dabei das Treiben im kühlen Nass zu verfolgen. Denn ob als Zuschauer oder Aktiver: Spektakulär ist dieser Wassersport allemal.

Und sollte dem eingefleischten Wasserski- oder Wakeboard-Fahrer im Winter die Zeit bis zur nächsten Saison zu lang erscheinen, kann er sich ja immer noch für das traditionelle Skifahren oder Snowboarden entscheiden – auch wenn einem das nach einem sommerlichen Besuch der Inselsee-Anlagen fast schon ein wenig konventionell vorkommen mag.

✐ Am Inselsee fließt die Iller vorbei. An ihrem Kiesstrand tummeln sich im Sommer die Badegäste, und viele Wassersportler nutzen den Fluss als Schlauchboot- oder Kanustrecke.

FLEXIBEL ARBEITEN

Flechtwerkstatt »Natur in Form« bei Blaichach

51

Nach der Eingangstür sind es nur wenige Stufen, bis man mitten in der Werkstatt von Annette Rehle steht. In den Händen der gelernten Floristmeisterin entstehen geflochtene Körbe in allen Größen und Formen sowie Möbelstücke und Einrichtungsgegenstände. Darüber hinaus produziert die kleine Manufaktur aus dem Blaichacher Ortsteil Ettensberg Flechtwerk für den Außenbereich, etwa Sichtschutz für den Garten oder Verschönerungen für Hausfassaden.

Doch nicht nur Gebrauchsgegenstände erschafft Annette Rehle, die mit ihrer kreativen Fertigkeit auch lange therapeutisch gearbeitet hat. Ebenso gehören Kunstobjekte und Skulpturen aus den unterschiedlichsten Materialien zu ihren Ausdrucksformen. Neben Wildholz, Wurzeln, Astwerk, Rinden und Gräsern bedient sich die gebürtige Immenstädterin der Werkstoffe Stein, Ton und Metall. Die Grundlage aller Arbeiten ist jedoch die Weide.

Diese in vielfältigen Varianten vorkommende Pflanzengattung wächst nahezu ausnahmslos in den gemäßigten nördlichen Zonen unseres Planeten. Die Herkunft ihres Namens verrät schon einiges über ihren Verwendungszweck: Die Zweige der »Biegsamen« – im Althochdeutschen »wîda« – eignen sich hervorragend für die Herstellung von Flechtwerk aller Art, vor allem die der Korbweide. Früher fanden sie wegen ihrer flexiblen, aber dennoch festen Struktur zudem häufig Anwendung im Hausbau oder in der Zimmerei.

Mit der Erfindung und Nutzung neuer Materialien hat die wirtschaftliche Bedeutung der Weide über die Jahre stetig abgenommen. Das Bedürfnis nach echter Handarbeit ist jedoch bis heute geblieben. Das merkt Annette Rehle nicht nur bei ihren Käufern, sondern auch bei den Teilnehmern ihrer Flechtkurse. Die freuen sich immer, mit eigenen Händen etwas zu schaffen.

🖉 Ettensberg ist auch Sitz der kleinen Biermanufaktur Klier, der südlichsten Hausbrauerei Deutschlands.

RESTAURANT UND GÄSTEHAUS »ZUM SCHIFF« /// ILLERSTRASSE 26 ///
87544 BLAICHACH-BIHLERDORF /// 0 83 21 / 67 44 80 ///
WWW.ZUMSCHIFF.COM ///

CAPTAIN'S DINNER

Restaurant und Gästehaus »Zum Schiff« bei Blaichach

52

Ein Schiff hat festgemacht in Blaichach-Bihlerdorf. Unübersehbar liegt es an der Illerstraße vor Anker – und ist mittlerweile eine feste Größe in der gastronomischen Szene des Oberallgäus geworden. Doch der Reihe nach ...

Im Jahr 2000 wurde das alte Haus von einer Gruppe kulinarischer Idealisten gepachtet und im Laufe der Zeit *Zum Schiff* umgebaut, einem etwas anderen Restaurant mit Bar, Sonnenterrasse, großem Saal, Gesellschaftsraum und Übernachtungsmöglichkeiten. Das Herzstück des Betriebes ist heute eindeutig die »Kombüse«, die sowohl mit traditioneller Küche als auch exotischen Gerichten aufwartet. So finden sich auf der Speisekarte beispielsweise Allgäuer Kässpatzen neben Curry auf Sindhi-Art, Schnitzel mit Pommes Frites neben marokkanischem Feuertopf. Kurioserweise ergänzen sich die unterschiedlichen Geschmacksrichtungen recht gut und sorgen für viel Abwechslung und Auswahl. Das dennoch nicht überladene Angebot wird durch eine wechselnde saisonale Wochenkarte ergänzt. An der gut sortierten Bar lässt sich so mancher Abend mit einem Espresso oder etwas Hochprozentigem abrunden.

Besonders liebevoll gestaltet sind die Zimmer des »Schiffs«. Jedes einzelne verfügt über eine individuelle Farbgebung und trägt einen eigenen Namen. Die Räume sind bewusst einfach eingerichtet, um auch jüngeren Leuten und Familien eine günstige und zugleich gepflegte Unterkunft bieten zu können. Viele der Gäste kommen bevorzugt wegen der vielen Sportmöglichkeiten ins Allgäu und sind dann froh, sich nach einem langen Tag und gutem Essen abends erschöpft in die Kojen legen zu können.

☞ Im selben Gebäude logiert eine recht unkonventionelle Möbelschreinerei, die unter anderem Tische, Stühle und Bänke aus dem Holz alter Whisky- und Weinfässer herstellt.

WEICHES WASSER
Naturbad Familien-Vital-Park in Burgberg

53

Oftmals sind es nicht nur optische oder akustische Eindrücke, die unsere Erinnerungen bestimmen. Auch der Geruchssinn ist für viele Menschen ein Wegweiser in die Vergangenheit, häufig bis zurück in die Kindheit. Dahin fühlen sich auch manche Besucher zurückversetzt, wenn sie das Freibad im Familien-Vital-Park Burgberg betreten: Es riecht nach gemähtem Gras, nach Sonnencreme, vom Kiosk zieht der Duft von frisch gemachten Pommes Frites herüber. Doch eine bestimmte Nuance fehlt, die man aus Kindertagen noch in der Nase zu haben glaubt: der typische Chlorgeruch.

Das Burgberger Naturbad verzichtet bei der Aufbereitung des Wassers nämlich auf jegliche Chemikalien. Es wird nur durch diverse Pflanzen-, Kies- und Sandfilter in Regenerationsbecken gereinigt und dem Schwimmbad im Anschluss wieder sauber zugeführt. Die unterschiedlichen Becken sind dabei durch einen geschlossenen Kreislauf verbunden, sodass immer eine gleichmäßige Umwälzung des Wassers gewährleistet ist. Der grüne Schimmer des weichen, klaren Nass kommt dabei allerdings lediglich von der Kachelung des Beckens und hat nichts mit der umweltschonenden Reinigung zu tun.

Außer dem fehlenden Chlorgeruch bemerkt der Badegast keinerlei Unterschiede zu einem »normalen« Freibad. Es gibt Sprungtürme, Rutschen und sogar eine Seilbahn, mit der man rasant über die Wasseroberfläche fahren kann. Darüber hinaus lädt noch eine weitläufige Liegewiese zum Sonnenbaden ein. Und auf den Sport- und Spielplätzen können sich Groß und Klein dann ordentlich verausgaben, um sich anschließend im Café wieder ein wenig zu erholen.

Ganz in der Nähe liegt an der Straße nach Häuser das Burgberger Tierparadies mit Streichelzoo und Café.

Theresien-Grube

ERZGRUBEN-ERLEBNISWELT AM GRÜNTEN /// 87545 BURGBERG ///
0 83 21 / 7 88 46 46 /// WWW.ERZGRUBEN.DE ///

EINE DIREKTE ANFAHRT MIT DEM AUTO IST NICHT MÖGLICH. NUTZEN
SIE DAS ERZGRUBENBÄHNLE AB BURGBERG ODER WANDERN SIE RUND
15 MINUTEN AB DEM BERGGASTHOF ALPENBLICK /// AUF DEM RIED 1 ///
87545 BURGBERG ///

GLÜCK AUF!

Fragt man einen beliebigen Touristen oder gar einen Einheimischen, was ihm zum Oberallgäu spontan in den Sinn kommt – Bergbau wäre wohl eher nicht der erste Gedanke.

Dabei wurden in der bayerisch-schwäbischen Alpenlandschaft über Jahrhunderte Bodenschätze gewonnen. Waren es in der Gegend um Sonthofen sowie um Oberstaufen in erster Linie Kohlevorkommen, die abgebaut wurden, fand sich am Grünten bei Burgberg eine ergiebige Erzader.

Am »Wächter des Allgäus« wurde Erz ab Mitte des 15. Jahrhunderts gefördert, bis sich die aufwendige Gewinnung wirtschaftlich nicht mehr lohnte. Schuld daran war unter anderem der Anschluss der Region an das Eisenbahnnetz, wodurch Eisenerz aus anderen Gegenden günstig eingeführt werden konnte. Viele Knappen verloren in der Folge ihre Arbeit und wanderten in andere Bergbauregionen wie das Ruhrgebiet ab, andere versuchten ihr Glück in Amerika. Schon damals sahen sich die Menschen also einem ähnlichen Verdrängungswettbewerb wie heute ausgesetzt, nur dass sich dieser noch nicht im globalen Maßstab abspielte.

Im Jahr 2006 machten die Gemeinde und ein Verein rühriger Bürger die lange Zeit brachgelegene Erzgrube Burgberg der Öffentlichkeit wieder zugänglich. Seitdem informiert ein Museumsdorf über die Geschichte des regionalen Bergbaus. Zudem können Besucher im Andreas-Tagebau sowie in der Theresien- und der Anna-Grube hautnah das harte Leben der Burgberger Knappen am Grünten nachempfinden.

✍ Verbinden lässt sich der Besuch in den Erzgruben wunderbar mit einer Wanderung auf den Grünten, der mit seinem hohen Sendeturm und dem historischen Jägerdenkmal schon von Weitem zu erkennen ist.

DER GARTEN MIT BLICK AUF DIE KIRCHE LIEGT NEBEN DEM BERGGASTHOF GOLDENES KREUZ /// TALSTRASSE 41 /// 87544 BLAICHACH /// WEITERE INFOS UNTER: WWW.WILDKRAEUTERWEIBLE.DE ///

NACHHALTIGE NATURHEILKUNDE

Kräutergarten in Gunzesried

55

So mancher Hobbygärtner mag ein wenig neidisch werden. Denn der Kräutergarten der Gemeinde Gunzesried bietet ein wahres Sammelsurium an verschiedenen Heil- und Küchenkräutern und ist zudem eine wahre Augenzierde. Natürlich spielt dabei die malerische Kulisse des kleinen Ortes eine wesentliche Rolle. Schon beim Betreten des Gärtchens fällt der Blick auf die anheimelnde Kapelle Sankt Nikolaus, zu deren Rechten sich im Hintergrund der mächtige Grünten erhebt. Doch im Gunzesrieder Kräutergarten ist es gerade die Schönheit im Kleinen, die das Herz höher schlagen lässt. Zu den hübsch gereihten Kräuterbeeten gesellen sich leuchtende Blumen und setzen hier und da farbige Akzente. Verschiedenste Gerüche steigen dem Besucher in die Nase, und es fällt oft gar nicht leicht, die einzelnen Duftnoten der verschiedenen Kräuter und Blumen voneinander zu unterscheiden.

Gepflegt wird die blühende Pracht von Naturführerin Anita Waibel, die sich allerdings nicht nur um die kultivierten Pflanzen im Garten kümmert: Auf der Suche nach Wildkräutern streift sie häufig durch die saftigen Bergwiesen rund um Gunzesried, wobei sie sich gerne von interessierten Menschen begleiten lässt und ihr Wissen weitergibt. Denn die Rückbesinnung auf althergebrachte Kenntnisse über das Wirken von Pflanzen rückt für viele Leute in der heutigen hoch technisierten Welt wieder in den Vordergrund – bildet die Kräuterheilkunde doch schließlich auch die Grundlage unserer modernen Medizin.

Auch wer bei Anita Waibel lediglich nach ein paar Anregungen für die Küche sucht, wird in Gunzesried fündig – mit den Kräutern kochen muss man dann allerdings schon selbst.

Zwischen Gunzesried und Blaichach liegt der Haldertobel, der die an einigen Stellen recht spektakulär fließende Gunzesrieder Ach mit ihren Stufen und Stromschnellen begleitet.

SENNALPE »GERSTENBRÄNDLE« /// AUTALWEG 5 ///
87544 BLAICHACH-GUNZESRIED /// 0 83 21 / 8 98 71 (SOMMER) ///
0 83 21 / 8 36 39 (WINTER) /// WWW.GERSTENBRAENDLE.DE ///

BIS HIERHIN UND NOCH WEITER
Sennalpe »Gerstenbrändle« bei Gunzesried

56

Das Gunzesrieder Tal ist unbestritten eine der beliebtesten Wanderregionen im gesamten Oberallgäu. Dennoch trifft man hier zum Glück nicht auf die Auswüchse des Massentourismus wie andernorts in der Region. Das Tal zieht sich von der Iller bei Blaichach über Gunzesried bis zur österreichischen Grenze – immer begleitet von der Gunzesrieder Ach und im letzten Abschnitt vom Aubach. Zusammen mit Naturparkführern lässt sich die Landschaft mit ihren bizarren Felsformationen, saftigen Bergwiesen und wilden Tobeln näher erkunden.

Ein Stück hinter der Gunzesrieder Säge trifft der Wanderer auf die traditionsreiche Sennalpe *Gerstenbrändle*. Diese Hochalpe, über 1.000 Meter gelegen, betreibt traditionell Milchwirtschaft und stellt nach althergebrachter Weise Käse her. Sie ist eine der bekanntesten Sennalpen in der Region und seit mindestens fünf Generationen im Besitz der Familie Endreß. Die Alpe verarbeitet um die 60.000 Liter Milch im Jahr zu Bergkäse, Romadur und Tilsiter sowie zu Butter und anderen Milchprodukten.

Auf der großen Sonnenterrasse und im Einkehrstüble im Sennereigebäude ist die Brotzeitplatte mit dem eigenen Käse sehr gefragt. Weitere Spezialitäten sind an Wochenenden und Feiertagen die Sennalpkartoffeln mit Butter, Käse, Schinken und Kräuterquark sowie natürlich – schließlich sind wir im Allgäu – die traditionellen Kässpatzen, die es freitags auf Vorbestellung gibt. Müde Wanderer können im *Gerstenbrändle* zudem in rustikalen Bauernzimmern übernachten – oder hier ihren ganzen Urlaub im Gunzesrieder Tal verbringen.

✏ Im Allgäu spricht man nur von »Alpen«, der altbaierische Begriff »Alm« ist nicht gebräuchlich.

DIE WELT IST EINE SCHEIBE
Disc-Golf-Parcours bei Ofterschwang

57

Zu behaupten, dass »Disc Golf« in Deutschland eine Randsportart sei, wäre fast ein wenig übertrieben. Denn nur den wenigsten Menschen dürfte hierzulande bekannt sein, dass der Sport überhaupt existiert. Eine Ausnahme – zumindest im Oberallgäu – bilden jene Unentwegten, die es schon einmal auf den Disc-Golf-Parcours unterhalb des Allgäuer Berghofs bei Ofterschwang verschlagen hat.

Der gebürtige Brite Paul Davies hat im Jahre 2009 die Anlage vor der beeindruckenden alpinen Kulisse eröffnet. Die Disc-Golfer laufen in Grüppchen durch Wald und Wiese und werfen bunte Frisbee-Scheiben in Richtung gelb markierter Fangkörbe. Dabei ist vom Abwurf bis zum Korb je nach Entfernung und Schwierigkeitsgrad der Bahn eine bestimmte Wurfzahl (»Par«) vorgegeben – wie die Anzahl der Schläge beim »normalen« Golf. 14 Bahnen gilt es auf dem gesamten Ofterschwanger Parcours zu meistern, wobei die Höhenunterschiede und die Distanzen fast das Ausmaß einer kleinen Bergwanderung annehmen. Auf gutes Schuhwerk sollten angehende Disc-Golfer also auf jeden Fall achten. Wert legen die Sportler auch auf eine gewisse Etikette und Rücksichtnahme gegenüber Mitspielern und Zuschauern sowie einen respektvollen Umgang mit der Natur.

Erfunden wurde »Disc Golf« in den 1970er-Jahren in den USA, wo die Sportart immer noch um einiges populärer ist als bei uns. Doch auch in Deutschland gibt es mittlerweile eine kleine Szene, die regelmäßig Turniere organisiert und stetig an Anhängern gewinnt. Und wer weiß, vielleicht hat der Sport seinen Siegeszug bereits begonnen – mit dem Parcours in den Oberallgäuer Alpen als einem seiner Zentren.

✍ An der nahe gelegenen Bergstation *Weltcup-Express* können im Sommer breite Downhill-Roller geliehen werden, mit denen rasante Talabfahrten möglich sind.

DIE WINTERRODELBAHN BEI DEN BERGSTATIONEN DES WELTCUP-
EXPRESSES UND DER OSSI-REICHERT-BAHN ERREICHEN SIE MIT DEN
BERGBAHNEN OFTERSCHWANG-GUNZESRIED /// PANORAMAWEG 7 ///
87527 OFTERSCHWANG /// 0 83 21 / 6 70 30 ///
WWW.GO-OFTERSCHWANG.DE ///

MITEINANDER SCHLITTEN FAHREN
Winterrodelbahn bei Ofterschwang

58

Wie bei so vielen Dingen, gehen auch über das Rodeln die Ansichten auseinander. Weniger allerdings über den Winterfreizeitsport an sich – über dessen Spaßfaktor sind sich wohl alle Hobbyrodler einig. Sondern vielmehr darüber, welches das einzig wahre Fortbewegungsmittel ist, um die schneebedeckten Hänge hinunterzurasen: der klassische Holzschlitten oder der moderne Bob. Auf der Ofterschwanger Rodelbahn jedenfalls kommen beide Modelle zum Einsatz.

Der althergebrachte Rodel mit zwei Kufen und einem Rahmen aus Eschen- oder Buchenholz bekam mit dem neuen Sportbob in den 1960er-Jahren mächtig Konkurrenz. Dessen Kunststoffsitze oder -wannen liegen deutlich tiefer in der Bahn, was die Sturzgefahr mindert. Im Gegensatz zu den herkömmlichen Schlitten kann er jedoch immer nur eine Person befördern. Eine besondere Spielart ist dabei noch der kurze Zipflbob, dessen Haltegriff zugleich zum Steuern und Bremsen dient.

Wer keinen eigenen Rodel besitzt, kann sich hier am Ofterschwanger Horn je nach Vorliebe eines der beiden Modelle an den nahe beieinanderliegenden Bergstationen der Ossi-Reichert-Bahn und des *Weltcup-Expresses* ausleihen. Von diesen führt jeweils eine Strecke hinunter zur Mittelstation der Ossi-Reichert-Bahn am Allgäuer Berghof. Der Start liegt auf einer Höhe von gut 1.300 Metern. Die gesamte Länge der Strecke beträgt etwa einen Kilometer, sodass der Spaß auch nicht allzu schnell wieder vorbei ist. Und dass dieser beim Rodeln garantiert ist, darüber sind ja alle einer Meinung.

✎ Wer im Winter weder Ski fahren noch rodeln, aber dennoch in die Berge möchte, kann auf einem zweieinhalb Kilometer langen präparierten Winterwanderweg entspannt das Ofterschwanger Horn umrunden.

MASSSTABSGETREU

Minimobil-Museum in Sonthofen

59

Ein orangefarbenes Lkw-Führerhaus in Originalgröße dient als Eingang des Sonthofener Minimobil-Museums. Doch durchschreiten Besucher diese Pforte, ändern sich die Maßstäbe schnell – und dies im wahrsten Sinne des Wortes: Im Inneren dominiert der Maßstab Ho (1:87), der allen Eisenbahnfreunden als klassische Modellbauspurweite ein Begriff sein dürfte.

Eisenbahnmodelle machen allerdings einen vergleichsweise kleinen Teil der riesigen Ausstellung aus. Über 18.000 Automobile, Lastwagen, Flugzeuge, Raumfahrzeuge, Schiffe und Züge füllen die meterlangen Glasvitrinen des Museums. Und auch dies ist nur eine bescheidene Auswahl. Insgesamt hat das Besitzerehepaar Gabi und Hannes Böck über die Jahre an die 55.000 Modelle zusammengetragen, kann aber aus Platzgründen nicht alle der Öffentlichkeit präsentieren. Angesichts dieser Dimensionen verwundert es nicht, dass das Sonthofener Museum im Guinnessbuch der Rekorde für die größte Ho-Sammlung der Welt steht. Wechselnde Sonderausstellungen, zum Beispiel mit Feuerwehr- oder Baufahrzeugen, runden das Programm ab.

Ungewöhnlich für das Allgäu sind die über 360 Schiffsmodelle, doch den Höhepunkt der Sammlung bildet unbestritten ein riesiges Diorama im Dachgeschoss des Museums, eine Nachbildung eines bekannten europäischen Flughafens. Welcher genau dies ist, soll an dieser Stelle nicht verraten werden. Doch ein Hinweis sei gegeben: Allzu große Verzögerungen bei seiner Eröffnung sind nicht bekannt – was auch den überaus beeindruckenden Nachbau im Sonthofener Minimobil-Museum um einiges erleichtert haben dürfte.

⌕ An das Museum angeschlossen sind ein nettes Café im französischen Stil sowie ein kleiner Laden für Modellbaufreunde. Zudem gibt es eine Ausstellung mit teilweise über 100 Jahre alten Puppen zu sehen.

HEIMATHAUS /// SONNENSTRASSE 1 /// 87527 SONTHOFEN ///
0 83 21 / 33 00 ///

WEITERE INFORMATIONEN ERTEILT DIE TOURISTINFORMATION
SONTHOFEN /// RATHAUSPLATZ 1 /// 87527 SONTHOFEN ///
0 83 21 / 61 52 91 /// WWW.ALPSEE-GRUENTEN.DE ///

ALLES UNTER EINEM DACH
Heimathaus in Sonthofen

60

Es begann mit einem Aufruf. Als die Marktgemeinde Sonthofen im Jahr 1927 das alte Bauernhaus in der Sonnenstraße erwarb, um es in ein Museum umzuwandeln, forderte sie die Bevölkerung auf, sich mit Leihgaben oder Schenkungen zu beteiligen. Drei Jahre später sollte das Heimathaus eröffnet werden.

Die Bürger meinten es auch in den kommenden Jahrzehnten mit ihren Gaben so gut, dass 1972 ein Anbau realisiert werden konnte, der sieben Jahre später noch ein Untergeschoss erhielt. Seitdem wurden die Ausstellungsräume des Heimathauses mehrfach modernisiert und teilweise neu konzipiert.

Das ursprüngliche Gebäude ist in erster Linie einer Ausstellung über das ländliche Leben vergangener Zeiten vorbehalten. Die Besucher erhalten Einblicke in die gute Stube eines echten Bauernhauses und können Küche und Schlafzimmer inspizieren. Im Alter zogen die Landwirte dann in eine »Austragsstube« – reichte das Vermögen nicht für ein kleines Haus als Ruhesitz.

Darüber hinaus können besondere Formen der Allgäuer Tracht und eine Auswahl originaler Hausmusikinstrumente bewundert werden. Im sogenannten Sammelstüble werden Werke einheimischer Maler gezeigt, und ein weiterer Raum widmet sich sakraler Kunst und Zeugnissen der damals tief verwurzelten Volksfrömmigkeit.

Im neueren Teil des Museums wandeln Besucher im Obergeschoss auf den geologischen und archäologischen Spuren der Allgäuer Frühgeschichte, während im Parterre Sonderausstellungen und Vorträge stattfinden. Der landwirtschaftliche Strukturwandel der Gemeinde wird schließlich im Untergeschoss thematisiert, ebenso wie die Entwicklung des Tourismus und lokales Brauchtum wie das Egga-Spiel, eine Sonthofener Faschingstradition.

🖝 In der Nähe des Heimathauses liegt der ökologische Kurpark mit seinem Feuchtbiotop, der mit Schautafeln über die heimische Tier- und Pflanzenwelt informiert.

DER EGGA-BRUNNEN BEFINDET SICH VOR DEM RATHAUS DER STADT
SONTHOFEN /// RATHAUSPLATZ 1 /// 87527 SONTHOFEN ///

WEITERE INFORMATIONEN ERTEILT DIE TOURISTINFORMATION
SONTHOFEN /// RATHAUSPLATZ 1 /// 87527 SONTHOFEN ///
0 83 21 / 61 52 91 /// WWW.ALPSEE-GRUENTEN.DE ///

KEIN HEXENWERK

Egga-Brunnen in Sonthofen

61

Eigentlich sieht man sie nur alle drei Jahre. Doch einige Figuren des traditionellen Sonthofener Egga-Spiels kann man am Brunnen vor dem Rathaus auch zwischen den Aufführungen besuchen. Die prächtigen Holzmasken der Schauspieler sind zudem im Sonthofener Heimathaus ausgestellt.

Das Egga-Spiel – eine pantomimische Darstellung des Kampfes des Menschen gegen die Urgewalten der Natur – gehört seit den 1950er-Jahren wieder fest zum kulturgeschichtlichen Kanon der Stadt Sonthofen. Das Ritual geht wohl auf ein altes alemannisches Erbe zurück. Es wird alle drei Jahre am Funkensonntag aufgeführt, dem Sonntag nach Aschermittwoch, der nach heutigem Verständnis bereits in der Fastenzeit liegt. Dennoch kann das Egga-Spiel als klassisches Faschingsbrauchtum bezeichnet werden, greift es doch auf die sogenannte Alte oder Bauernfastnacht zurück, die eben erst mit dem Funkensonntag endete.

Erzählt wird im Egga-Spiel von den Mühen der bäuerlichen Arbeit, deren Erträge durch Naturgewalten und böse Mächte immer wieder gefährdet oder gar zerstört werden. Symbolisiert werden diese dunklen Kräfte durch die Figur der Hexe, die etwa die Pferde scheuen oder die Milch sauer werden lässt. Sie eckt also überall bei den Menschen an, worauf sich der Name des Schauspiels ursprünglich bezieht. Am Ende wird sie für diese Taten gefangen genommen und wartet in einem Sautrog auf den Feuertod.

Die vom Eggenfeldener Bildhauer Joseph Michael Neustifter geschaffenen Bronzeplastiken am Rathaus rufen dieses Stück Sonthofener Tradition ins Gedächtnis – damit Einheimische und Besucher nicht immer bis zum nächsten Egga-Spiel warten müssen.

✍ Weitere traditionelle Sonthofener Festtage sind jedes Jahr im Dezember das »Bärbeletreiben« und das »Klausentreiben«.

DAS MUSEUM DER SCHIRME GEHÖRT ZUM SCHIRMGESCHÄFT BRAUNMÜLLER /// BAHNHOFSTRASSE 2 /// 87527 SONTHOFEN /// 0 83 21 / 61 92 41 ///

WEITERE INFORMATIONEN ERTEILT DIE TOURISTINFORMATION SONTHOFEN /// RATHAUSPLATZ 1 /// 87527 SONTHOFEN /// 0 83 21 / 61 52 91 /// WWW.ALPSEE-GRUENTEN.DE ///

SPANNUNGSBÖGEN

Museum der Schirme in Sonthofen

62

Er ist einer dieser Dinge, deren Bedeutung man erst zu schätzen weiß, wenn man ihn dringend braucht – und dann meist nicht bei sich trägt: der Schirm. Allein ihm widmet sich das Museum in der Sonthofener Bahnhofstraße und meint dabei ausnahmsweise einmal nicht die zuweilen überstrapazierte Metapher für Euro-Rettungspakete, sondern konkret den Alltagsgegenstand zum Schutz gegen Regen.

Wobei der Siegeszug des Schirms eigentlich als Schattenspender begann, wie die Ausstellung im ersten Stock des Fachgeschäfts der Familie Braunmüller gleich eingangs zeigt. Erst im späten 17. Jahrhundert wurden Stoffe und Imprägnierungen entwickelt, die es möglich machten, unter einem Schirm nicht nur Zuflucht vor der Sonne, sondern auch vor Regen und Schnee zu finden.

Das Museum präsentiert neben ausgefallenen Formen und Farben unterschiedlicher Modelle immer auch ein Stück Handwerks- und Industriegeschichte. Sowohl die Stoffe als auch die mechanischen Komponenten unterlagen im Laufe der Zeit immer wieder Überarbeitungen und Verbesserungen, was eindrücklich anhand der Vielzahl der Ausstellungsstücke demonstriert wird. Die Palette an Materialien für die Gestelle reicht von Fischbein über Stahl bis hin zu Fiberglas, während die Bezüge unter anderem aus Baumwolle, Spitze oder Seide hergestellt wurden. Heute haben sich besonders wasserdichte Kunstfasern durchgesetzt. Kunstvoll gefertigt waren in früheren Tage die Schirmgriffe – zum Beispiel aus Elfenbein –, wobei der praktische Nutzen manchmal hinter ästhetischen Ansprüchen zurückstehen musste.

Nach einem Besuch im Museum der Schirme wird man den scheinbar schnöden Alltagsgegenstand sicherlich in einem anderen Licht sehen – und das nächste Mal beim Verlassen des Hauses eventuell einen Moment länger in den Himmel blicken als sonst.

🗓 In der Nähe befindet sich der Johann-Althaus-Platz mit seinen »Althauslärchen«, die der Sonthofener Käsepionier (1798–1876) noch selbst pflanzen ließ.

**WASSERTRETANLAGE »IM BACHTEL« /// BACHTELWEG ///
87527 SONTHOFEN /// PARKMÖGLICHKEITEN IM NAHEN STADIONWEG ///
WWW.KNEIPPVEREIN-SONTHOFEN.DE ///**

**WONNEMAR SONTHOFEN /// STADIONWEG 5 /// 87527 SONTHOFEN ///
0 83 21 / 78 09 70 /// WWW.WONNEMAR.DE/SONTHOFEN ///**

ZUR TAT SCHREITEN

Am südlichen Ortsrand von Sonthofen liegt etwas versteckt, am Ende einer kleinen Seitenstraße, ein wahres Kleinod der Ruhe und gesundheitlichen Ertüchtigung. Eine hohe Wasserfontäne schießt aus einem bewachsenen Teich und weist den Weg zur Kneippanlage *Im Bachtel*, einem stadtnahen Wald- und Naherholungsgebiet. Der Schwarzenbach, der an dieser Stelle über mehrere Stufen zu Tal und im weiteren Verlauf über den Grießbach in die nahe gelegene Iller fließt, dient als Tretbecken. Daneben duftet ein Kräutergarten, der vom ortsansässigen Kneippverein betreut wird.

Auch wenn in erster Linie das Unterallgäu und im Besonderen Bad Wörishofen – die ehemalige Wirkungsstätte des Pfarrers Sebastian Kneipp (1821–1897) – als Zentrum der Kneippbewegung gelten, hat sich die Gesundheitslehre doch weit über den deutschen Sprachraum mit seinen über 600 Kneippvereinen hinaus verbreitet. Zudem ist das Kneippen seit 2016 in den UNESCO-Katalog zur Erhaltung des immateriellen Kulturerbes aufgenommen worden.

Dass die Kneippmedizin heute häufig nur auf die Wassertherapie mit ihren Güssen und dem Wassertreten reduziert wird, wird dem ganzheitlichen Ansatz ihres Begründers nicht gerecht: So betonte der Naturheilkundler stets die Bedeutung einer ausgewogenen Vollwertkost, setzte auf ausreichende Bewegung seiner Patienten – auch außerhalb des Tretbeckens – und nutzte die Kraft von Heilpflanzen in der sogenannten Phytotherapie.

Doch auch ohne die Hintergründe zu kennen, erkennt der Besucher rasch die Vorzüge der kleinen Sonthofener Parkanlage *Im Bachtel*: eine versteckte grüne Oase, in der man sich entspannen und besinnen kann.

☞ Mit Thermalbereich, Saunalandschaft und Spa bietet das *Wonnemar*-Bad in Sichtweite der Kneippanlage ebenfalls Entspannung, sein Erlebnisbad zudem Spaß für quirligere Wasserratten.

KLEINE GALERIE

KLEINE GALERIE IMBERG /// IMBERG 16 /// 87527 SONTHOFEN-IMBERG ///
0 83 21 / 8 86 65 /// WWW.KLEINE-GALERIE-IMBERG.DE ///

GROSSE KUNST VOM LAND

»Kleine Galerie Imberg« bei Sonthofen

64

Das vordergründige Wortspiel sei verziehen, doch was den Besucher in der *Kleinen Galerie Imberg* erwartet, ist tatsächliche große Kunst. Vielleicht nicht unbedingt im Stile städtischer Museumstempel, dennoch geht von den Werken von Annemarie Maidel und Willibald Rapp eine einzigartige Faszination aus. Kreative Meisterleistungen, deren Wirkung sich im wahrhaft beschaulichen Dorf Imberg vollkommen entfalten kann.

Die Galerie zeigt Arbeiten in unterschiedlichen Materialien und Ausdrucksformen, die auf den ersten Blick wenig miteinander zu tun haben scheinen – und gerade deshalb den Charme des kleinen Kunsthauses ausmachen. Annemarie Maidel widmet sich – neben Stein, Blech und Braunkohle als Werkstoff – bevorzugt der Hinterglasmalerei. In selten gesehener Filigranität und mit bemerkenswerter Detailtreue bannt sie vor allem Naturmotive und alltägliche Szenen auf das zerbrechliche Material. Da sie dabei bis zu vier verschiedene Scheiben bemalt und hintereinanderlegt, erzeugen die Bilder eine ungeheure räumliche Tiefe.

Einem anderen Werkstoff hat sich Willibald Rapp hingegen verschrieben. Der Künstler erschafft aus den unterschiedlichsten Hölzern – meist Fundstücke aus Wald und Fluss – sowohl eigenwillige Skulpturen als auch Gebrauchsgegenstände wie Schüsseln oder Küchenmörser. Hierfür bearbeitet er das natürliche Material in vielen Arbeitsschritten so lange, bis es eine unerwartet glatte, feine Oberfläche aufweist.

Mit ihren facettenreichen kreativen und alltäglichen Objekten beweist die *Kleine Galerie Imberg* eindrücklich, dass die Größe der Kunst tatsächlich nicht immer etwas mit der Größe des Standorts zu tun haben muss.

✎ Direkt an der *Kleinen Galerie Imberg* vorbei führt ein schöner, rund vier Kilometer langer Wanderweg hinauf in Richtung Imberger Horn. Entlang der Strecke liegen die Strausberg- und die Michael-Schuster-Hütte sowie die Strausbergalpe.

DER GUTE TON

Allgäuer Keramik bei Sonthofen

65

Häufig hört man ihn, den Spruch vom Handwerk, das goldenen Boden habe. Und ebenso oft wird dabei übersehen, dass es in unserer globalisierten Welt in Wirklichkeit immer weniger traditionelle Handwerksbetriebe gibt. Eine der wenigen bewährten Manufakturen, die sich heutzutage dieser Entwicklung entgegenstellt, ist die Firma *Allgäuer Keramik* im Sonthofener Ortsteil Altstädten.

Die im 19. und 20. Jahrhundert abgebauten Ton- und Braunkohlevorkommen im nahen Imberggebiet bildeten die wirtschaftliche Basis für die Gründung des Betriebs. Seit 1923 fertigte die Firma als Aktiengesellschaft Keramiken für die Industrie. Ab 1936, nach Übernahme durch Hans Rebstock, spezialisierte sie sich auf die Herstellung von Zierkeramiken und vor allem auf Essgeschirr.

Bis heute ist das meist verkaufte Produkt der Altstädtener Manufaktur die im Oberallgäu unverzichtbare Kässpatzenschüssel. Diese ist in verschiedenen Varianten erhältlich – unter anderem in der für die Region typischen rötlichen Färbung, die von der besonderen Art des verarbeiteten Tons herrührt. Wie die Spatzenschüssel entstehen alle Produkte der Keramikwerkstatt in Handarbeit, wodurch der Käufer sicher sein kann, immer ein echtes Unikat zu erstehen.

Dass der Fokus auf eine lokale Tradition jedoch nicht gleichzeitig bedeutet, den Rest der Welt zu vergessen, demonstriert die Familie Rebstock seit Jahren durch ihr Engagement für Wasser- und Infrastrukturprojekte in Tereli, einem Dorf im afrikanischen Staat Mali.

🖎 Von Margarethen und Imberg aus führt eine Wanderung in Richtung Sonthofer Hof zum Löwenbachtobel, wo noch Braunkohlereste und Tonschichten an den Bergwänden zu finden sind.

HOCHKULTUR

Wer ins Kunsthaus am Gailenberg hoch über Bad Hindelang kommt, interessiert sich natürlich in erster Linie für die Bilder des in Vorderhindelang geborenen Malers Kilian Lipp. Beeindrucken dürfte die meisten Besucher jedoch auch das einmalige Ambiente.

Die Kunstwerke sind in einem umgebauten Bauernhaus aus dem frühen 17. Jahrhundert ausgestellt, das Lipp 2007 zusammen mit seiner Frau Annette erworben hat. In anderthalbjähriger Arbeit renovierte das Paar das Gebäude und legte vor allem Wert darauf, dass dessen Grundstruktur dabei möglichst unangetastet blieb. Dennoch bereichern auch moderne Elemente das Hindelanger Kunsthaus, sodass eine äußerst spannende architektonische Mischung aus Alt und Neu entstand.

Diese energiegeladene Umgebung bietet den idealen Rahmen für die Kunst Kilian Lipps. Der Maler und Designer fuhr in jungen Jahren zur See, studierte und arbeitete im Rheinland und kehrte zu Beginn der 1980er-Jahre als freischaffender Künstler in seine Heimat zurück. Seine oftmals großformatigen Bilder stellen Momentaufnahmen und Zyklen sowie Landschaften und Stillleben vor allem aus dem Allgäu dar, aber auch aus seiner zweiten Heimat, der Toskana. Lipp malt bevorzugt in Öl, setzt aber auch Pastellkreide oder Aquarellfarben ein.

Das Bauernhaus am Gailenberg dient dem Künstler als Atelier und Galerie. Auf 400 Quadratmetern Ausstellungsfläche werden in steter Rotation aktuelle Werke anderer Künstler sowie Bilder aus der eigenen umfangreichen Sammlung gezeigt. Ein Besuch lohnt sich also in jedem Fall: wegen der Kunst und wegen des Hauses.

✐ Im Ortskern von Bad Hindelang finden sich vor allem entlang der Marktstraße viele interessante historische Gebäude, unter anderem das ehemalige Salzfaktorhaus, genannt Dreikugelhaus.

SCHLAG AUF SCHLAG
Hammerschmiede Franz Scholl bei Bad Hindelang

67

Schwer liegt sie in der Hand, die schmiedeeiserne Pfanne in der Werkstatt von Franz Scholl im Bad Hindelanger Ortsteil Bad Oberdorf. Schwer und praktisch unzerstörbar. Scholl ist einer der drei letzten Hammerschmiede, die im Ostrachtal noch ihrem jahrhundertealten Handwerk nachgehen.

Das Leben im Tal war schon immer bestimmt vom kleinen Fluss Ostrach, der bei Hinterstein entspringt und nach guten 20 Kilometern nördlich von Sonthofen in die Iller mündet. Als Ende des 15. Jahrhunderts in der Nähe von Bruck Erzvorkommen entdeckt und der Rohstoff in der Folge in einer Eisenschmelze verhüttet wurde, entstanden die Oberdorfer Hammerschmieden. Die ältesten Gewerbebetriebe des Ostrachtals nutzten die Wasserkraft, indem sie mit einem Rad eine Nockenwelle in Bewegung setzten, die periodisch einen Hammer anhob. Durch die Schwerkraft drängte dieser wieder nach unten, was zu einer kontinuierlichen Schlagbewegung führte. In erster Linie wurden Hellebarden oder Landsknechtspieße gefertigt, aber auch – wie heute noch – alltägliche Gebrauchsgegenstände wie Pfannen, Schaufeln oder Nägel.

Die Bad Oberdorfer Hammerschmieden wie die von Franz Scholl dürften zu den ersten ihrer Art in ganz Deutschland zählen. Sie sind an ihren ausladenden Wasserrädern zu erkennen und liegen an einem eigens gebauten Kanal, welcher der Ostrach abgerungen wurde, um einen steten Wasserfluss zu garantieren. Wie lange sich das traditionelle Handwerk im Tal noch halten wird, ist ungewiss. Dabei steht immer mehr auf dem Spiel als die reine Herstellung von Waren: Die Bad Oberdorfer Hammerschmieden waren und sind ein fester Bestandteil der Allgäuer Kulturgeschichte.

✎ *Sein »Bad« hat sich Oberdorf 1900 durch eine andere Nutzung des Wassers verdient: Bekannt ist der kleine Ort durch seine heilende Schwefelquelle am Hotel* Prinz-Luitpold-Bad.

AM RAUSCHENDEN BACH

Heimat- und Handwerksmuseum »Obere Mühle«
bei Bad Hindelang

68

Wie es wohl war, das Leben und Arbeiten an der Ostrach in den letzten paar Hundert Jahren? Das Museum in der Oberen Mühle im Bad Hindelanger Ortsteil Bad Oberdorf geht in unterschiedlichen Schauzimmern dieser Frage nach.

In dem 1433 erstmals urkundlich erwähnten Gebäude gewähren eine Schusterwerkstatt, ein Flachszimmer und Ausstellungsstücke zur traditionellen Milchwirtschaft Einblicke in frühere Tage. Das Brauchtumszimmer behandelt das umfangreiche, manchmal recht streng gehandhabte Thema Tracht, aber ebenso spezielle Allgäuer Skurrilitäten wie etwa die Tradition des Klausentreibens. In einem umfangreichen Schaubild werden des Weiteren die Jagd und die damit häufig verbundene Wilderei illustriert, und eine kleine Ausstellung widmet sich den Anfängen des Wintersports in der Region. Eine Besonderheit stellt sicherlich die umfangreiche Mineralien- und Fossiliensammlung der Oberen Mühle dar, die den Besucher weit zurück in die Erdgeschichte führt.

Verfehlen kann man das liebevoll eingerichtete Museum kaum. Schon von der Straße zu sehen ist das mächtige Mühlrad, das dem alten Gebäude einen romantischen Anstrich gibt. Links daneben führt eine Treppe zum Eingang hinauf. Um all die Exponate ausführlich würdigen zu können, die vom Hindelanger *Heimatdienst-Verein* bereits seit vielen Jahren gepflegt werden, sollten Besucher durchaus etwas Zeit mitbringen. Aufgrund ihres breiten Themenspektrums ist die Sammlung dabei mehr als ein reines Heimatmuseum. Vielmehr vermittelt sie einen profunden Überblick über das allgemeine Leben im Allgäu – wie es eben war in den letzten paar Hundert Jahren.

🖉 Die Obere Mühle beherbergt nicht nur das Heimat- und Handwerksmuseum: Tür an Tür befinden sich noch ein beliebtes Hotel und Gasthaus, eine Hauskäserei und ein Antiquitätenhandel.

**LEDERMANUFAKTUR KLAUS BENSMANN /// OSTRACHSTRASSE 38 ///
87541 BAD HINDELANG-BAD OBERDORF ///
0 83 24 / 9 53 97 02 /// WWW.KB-LEDER.DE ///**

KULT-UR-GUT

Ledermanufaktur Bensmann bei Bad Hindelang ⟨69⟩

Das Handwerk, dem Petra und Klaus Bensmann in ihrer Werkstatt im Bad Hindelanger Ortsteil Bad Oberdorf nachgehen, ist beinahe so alt wie die Menschheit. Denn die Verarbeitung von gegerbtem Leder gehört zu den Anfängen unserer Zivilisationsgeschichte.

Die Bensmanns fertigen in ihrer traditionellen Manufaktur Kleidung und Alltagsgegenstände zum einen aus sämisch gegerbter Hirschhaut. Diese wird durch den Einsatz von Gerbmitteln auf Basis oxidierbarer Fette gewonnen und zeichnet sich durch eine besondere Elastizität aus. Zum anderen verarbeiten sie lohgares Rindsleder, das durch die Gerbung mit tanninhaltigen Pflanzenstoffen entsteht und eine festere Struktur aufweist. Alle verwendeten Tierhäute stammen aus der Alpenregion und werden ausschließlich in Deutschland gegerbt.

In der Bad Oberdorfer Werkstatt am Ufer der Ostrach entstehen in kunstfertiger Handarbeit die verschiedensten Arten von Lederhosen, -jacken und -westen – natürlich in Maßanfertigung und garantiert als Einzelstücke. Gebrauchsartikel wie Rucksäcke, Taschen oder Gürtel ergänzen das Angebot. Eine Besonderheit stellen die runden Rahmentrommeln dar, die mit gewässerten Hirschrohhäuten bespannt sind. In Trommelbaukursen können diese speziellen Rhythmusinstrumente unter fachlicher Anleitung vor Ort von interessierten Besuchern hergestellt werden. Den Wert traditioneller Handarbeit können Gäste und Kunden bei den Bensmanns demnach hautnah miterleben – frei nach dem Motto auf einem Schild in der Manufaktur: »Handwerk ist Kult-Ur-Gut.«

🖉 Im Gebäudekomplex an der Ostrachstraße 38 haben sich neben den Bensmanns auch noch weitere Handwerker und Künstler niedergelassen.

UM DEN AUSSICHTSPUNKT »KANZEL« ZU ERREICHEN, FOLGEN SIE DER B 308 ZWISCHEN BAD HINDELANG UND OBERJOCH. AUF HALBER STRECKE FINDEN SICH AN BEIDEN STRASSENSEITEN GRÖSSERE PARKBUCHTEN.

NÄHERE INFORMATIONEN ERHALTEN SIE BEI DER TOURISTINFORMATION BAD HINDELANG /// UNTERER BUIGENWEG 2 /// 87541 BAD HINDELANG /// 0 83 24 / 89 20 /// WWW.BADHINDELANG.DE ///

BERG- UND TALFAHRT
Aussichtspunkt »Kanzel« bei Bad Hindelang

70

Erhaben fühlt man sich hier oben, in erster Linie erhaben. Natürlich gibt es höhere Aussichtspunkte in der Allgäuer Bergwelt als die *Kanzel*, ein gemauertes Rondell über Bad Hindelang mit Aussicht nach Südwesten. Und vor allem wesentlich ruhigere, befindet sich diese Plattform doch direkt an der B 308, einer der höchstgelegenen Bundesstraßen in Deutschland. Wenn allerdings der Blick über das Ostrachtal mit Bad Oberdorf und Bad Hindelang schweift, bis weit in die Ferne zur Hörnergruppe und zur Nagelfluhkette, dann stellt sich rasch das wunderbare Gefühl ein, ein wenig über den Dingen zu schweben.

Die sich in engen Serpentinen windende Straße bildet den deutschen Teil des historischen Oberjochpasses. Dieser verbindet Bad Hindelang über dessen 300 Meter höher gelegenen Ortsteil Oberjoch mit dem Tannheimer Tal auf der österreichischen Seite. Bereits Mitte des 16. Jahrhunderts ließ Graf Hugo von Montfort einen befestigten Weg von Sonthofen über Hindelang bis hinauf nach Oberjoch bauen, der als wichtiger Teil der Salzstraße zwischen dem Allgäu und Tirol galt. Im Laufe der Jahrhunderte bescherte diese Verbindung den angrenzenden Gemeinden im sonst kargen Allgäu einen bescheidenen Wohlstand.

Die heutige Route entstand Ende des 19. Jahrhunderts, in den 1950er-Jahren wurde sie modernisiert. Für die Serpentinenstrecke brauchen dennoch heutige Auto- und Motorradfahrer – Unverzagte bezwingen sie sogar mit dem Fahrrad – volle Konzentration. Sollte diese einmal nachlassen, bietet sich auf halber Strecke eine kleine Pause an – um sich beim Blick von der *Kanzel* wieder ein wenig zu erholen.

✍ Alljährlich im Herbst findet auf der B 308 die »Jochpass-Oldtimer-Memorial & Historic-Rallye« statt, bei der sich diverse Klassiker der Automobilgeschichte die engen Kurven des Oberjochpasses hinaufquälen.

Am ehem. Zollamt Oberjoch

„Gegen Mittag – die Tirolerinnen waren längst alle in Reutte, in Weißenbach, in Hallet, Tannheim und Schattwald ausgestiegen – erreichte der Bus mit mir als dem letzten Fahrgast das Zollamt von Oberjoch. Das Wetter hatte inzwischen wieder umgeschlagen. Eine dunkle, ins Schwarzfarbene übergehende Wolkendecke lag über dem ganzen Tannheimer Tal, das einen niedergedrückten, lichtlosen und gottverlassenen Eindruck machte. Nirgends rührte sich das geringste. Nicht einmal ein einziges Automobil war zu sehen auf der weit hinten in der Tiefe des Tals sich verlierenden Strecke. Auf der einen Seite stiegen die Berge in den Nebel hinein, auf der anderen dehnte sich eine nasse Moorwiese, und dahinter erhob sich aus dem Vilsgrund herauf der kegelförmige, aus nichts als aus schwarzblauen Fichten bestehende Pfrontner Wald. Der diensthabende Zöllner, der, wie er mir sagte, in Maria Rain zu Hause war, versprach mir, meine Tasche nach Feierabend, wenn er auf der Heimfahrt durch W. komme, für mich im Engelwirt abzuladen. Ich konnte also, nachdem ich ein paar weitere Worte mit ihm über die elende Jahreszeit gewechselt hatte, bloß mit dem kleinen ledernen Rucksack über der Schulter durch die ans Niemandsland grenzenden Moorwiesen und den Alpsteigtobel hinab nach Krummenbach und von dort über das Unterjoch, die Pfeiffermühle und das Enge Plätt nach W. hinausgehen."

DER SEBALDWEG BEGINNT AN DER B 308 HINTER BAD HINDELANG-OBERJOCH AM ALTEN ZOLLHAUS AN DER GRENZE ZU ÖSTERREICH UND ENDET IM ORTSKERN VON WERTACH.

NÄHERE INFORMATIONEN ERHALTEN SIE BEI DER TOURISTINFORMATION WERTACH /// RATHAUSSTRASSE 3 /// 87497 WERTACH /// 0 83 65 / 70 21 99 /// WWW.WERTACH.DE ///

2001 in England (Norwich).

Unterjoch – Sorgalpe –
(zum Geburtshaus). Nachzulesen in
der Geschichte „il ritorno in Patria"
aus seinem Buch „Schwindel. Gefühle."

ETAPPENZIELE

Sebaldweg von Oberjoch nach Wertach

71

Folgt man der B 308 von Oberjoch in Richtung Schattwald in Österreich, stößt man unmittelbar vor der Grenze auf das ehemalige Zollgebäude. Ein paar Meter vorher führt ein kleiner Pfad zwischen den Bäumen zur ersten Station des Sebaldweges nach Wertach, der nach dem großen Sohn dieser Gemeinde benannt ist.

Der Schriftsteller und Literaturwissenschaftler Winfried Georg Sebald, bekannter unter der Abkürzung W. G. Sebald, kam 1944 in Wertach zur Welt. Sein Geburtshaus trägt heute eine schlichte Gedenktafel. Nach dem Abitur in Oberstdorf und einem Germanistik- und Anglistikstudium zunächst in Freiburg im Breisgau, später in Fribourg in der Schweiz, zog es den anglophilen Sebald nach England. Im Anschluss an unterschiedliche berufliche Stationen, die ihn immer wieder auf den Kontinent zurückkehren ließen, wurde er 1988 Professor für Neuere Deutsche Literatur an der *University of East Anglia* in Norwich im Osten Englands, wo er bereits früher gelehrt hatte. W. G. Sebald starb 2001 infolge eines Herzinfarktes bei einem tragischen Autounfall.

Sein literarisches Schaffen, das lange vor allem in den USA und dem Vereinigten Königreich wesentlich mehr Beachtung fand als in Deutschland, beschäftigte sich mit den Themen Heimat und Fremdheit, Erinnerung und Vergessen. Zu seinen bekanntesten Werken gehören der Erzählband *Die Ausgewanderten*, der selbstreflexive Reisebericht *Die Ringe des Saturn* und der Roman *Austerlitz*.

In seiner Erzählung *Il ritorno in patria* aus dem Buch *Schwindel. Gefühle* rekapituliert der Schriftsteller seine Kindheit in Wertach. Der circa zwölf Kilometer lange Sebaldweg zwischen dem Alten Zollhaus und seinem Heimatort zitiert auf sechs Stelen Sebalds Erinnerungen an genau jenen Orten, die der Dichter in seinem Werk beschreibt.

Auch das Heimatmuseum in Wertach erzählt Geschichten aus der Vergangenheit der Gemeinde, zum Beispiel anhand einer umfangreichen Werkzeug- und Waffensammlung.

DIE HOLZFELLER

Schuhmanufaktur Keller bei Bolsterlang

72

Das Handwerk, das die Familie Keller seit Jahrzehnten meisterhaft beherrscht, wirkt ein wenig wie aus der Zeit gefallen. Während überall die großen Schuhketten neue Filialen in den Gewerbegebieten eröffnen und den Markt mit billiger Ware meist aus Asien überschwemmen, steuert die Manufaktur aus dem Bolsterlanger Ortsteil Kierwang diesem Trend erfolgreich entgegen. Und es sind beileibe nicht nur Touristen, die sich für die ausgefallenen Produkte interessieren. Zahlreiche Einheimische gehören teilweise seit vielen Jahren zu den Kunden der alteingesessenen Firma.

In Handarbeit entstehen in der Werkstatt direkt neben dem Verkaufsraum traditionelle Pantoffeln und Holzclogs, die außen mit Kuhfell bezogen und innen mit Lammfell gefüttert sind. Darüber hinaus werden bei den Kellers Berg- und beschlagene Arbeitsschuhe hergestellt. Zu letzterer Kategorie gehörte lange Zeit der für die Region typische Haferlschuh. Heutzutage wird er allerdings fast nur noch an Feiertagen und zu besonderen Anlässen zur Tracht getragen.

Das Hauptaugenmerk der Manufaktur liegt jedoch auf den fellbesetzten Holzschuhen. In dichten Reihen und in den unterschiedlichsten Musterungen stehen sie in dem kleinen Ladengeschäft. Das individuelle Design ergibt sich durch die Einzigartigkeit des verarbeiteten Kuhfells. Jedem Kunden ist damit ein Unikat gewiss.

Wer es nicht nach Kierwang schafft, der kann die Kellers mit ihrem Verkaufsstand auf diversen Märkten im ganzen Allgäu treffen – vor allem während der Zeit des Viehscheids sind sie nahezu jede Woche unterwegs und bringen ihre Handwerkskunst unter die Leute.

⌀ Von der Bergstation der Bolsterlanger Hörnerbahn führt der Hörnerblick-Sinnesweg durch den Bergwald hinauf zum Gipfelkreuz.

FAHREN SIE ÜBER DEN RIEDBERGPASS AUF DER OA 9 NACH WESTEN
UND PARKEN IM ORTSZENTRUM VON BALDERSCHWANG.
DIE ALTE EIBE STEHT KURZ VOR DEM ORTSEINGANG AN EINEM FELDWEG
ÜBER DER ALPE UNTERBALDERSCHWANG.

NÄHERE INFORMATIONEN ERHALTEN SIE BEI DER GÄSTEINFORMATION
BALDERSCHWANG /// DORF 16 /// 87538 BALDERSCHWANG ///
0 83 28 / 10 56 /// WWW.BALDERSCHWANG.DE ///

JAHRESRINGE

Die alte Eibe bei Balderschwang

73

Warum sie noch steht, ist genauso ein Rätsel wie ihr wahres Alter. Denn dass die Eibe von Balderschwang im Laufe ihres mindestens 800-jährigen Lebens – manche sprechen von 1.500 bis 2.000 Jahren, einige Schätzungen belaufen sich sogar auf 4.000 Jahre – nicht irgendwann zu Feuerholz verarbeitet wurde, ist ein kleines Mysterium. Denn auf den Hängen oberhalb der kleinsten Gemeinde Bayerns fanden im Laufe der Jahrhunderte immer wieder Rodungen statt, von denen das einzigartige Naturdenkmal auf wundersame Weise verschont geblieben ist.

Ein schmaler, recht steiler Weg führt hinauf von Balderschwang zu dem Baum, den viele sogar für den ältesten Deutschlands halten. Dieser wird nur durch einen niedrigen Jägerzaun geschützt – umgeben von zahlreichen Kühen auf der Weide, typisches Allgäuer Braunvieh neben ein paar schwarz-weißen Artgenossen.

Die Eibe von Balderschwang weist zwei Stämme auf, die sich eine gemeinsame Wurzel teilen, und trägt bis heute Früchte, was für einen derart betagten Baum eine weitere Ausnahme darstellt. Sie ragt sieben Meter aus dem kalkhaltigen Boden des Allgäuer Nagelfluhgesteins in die Höhe und weist einen Umfang von insgesamt gut acht Metern auf. Und hat sich längst zum Wahrzeichen der Gemeinde Balderschwang entwickelt.

Dabei entstand der kleine Ort erst einige Zeit nach der Eibe im 16. Jahrhundert. Sein Name ist auf einen Bauern namens Balder zurückzuführen, der allerdings bereits 200 Jahre früher das Tal im großen Stil »geschwendet« (gerodet) haben soll. Dass er die Eibe dabei übersehen haben muss, darüber freuen sich die Balderschwanger und ihre Gäste bis heute.

🖉 Bevor es die Grenze zu Österreich erst bildet und dann überschreitet, bietet das kleine Flüsschen Bolgenach nahe Balderschwang viele kleine Badebuchten am kristallklaren Wasser.

TEAROOM UND BISTRO »TANTE EMMA« ///
AM ANGER 10 /// **87538 FISCHEN** ///
0 83 26 / 3 66 13 26 /// **WWW.TANTE-EMMA-TEAROOM.DE** ///

GENERATIONENPARK IM KURPARK ///
AM ANGER /// **87538 FISCHEN** ///

VERFÜHRUNG AM NACHMITTAG

Tearoom und Bistro »Tante Emma« in Fischen

74

Im Grunde lockt das Bistro *Tante Emma* in der Fischinger Ortsmitte zwei Arten von Gästen an: Da wären zum einen jene, die schon einmal in Großbritannien oder Irland zu Besuch gewesen sind und aus nostalgischen Gründen eine »Teatime« abhalten möchten. Und zum anderen diejenigen, die bislang noch nie mit selbst gebackenen »Scones«, echter »Clotted Cream« oder original belegten Sandwiches in Berührung gekommen sind und diese Spezialitäten nun probieren möchten.

Und obwohl britische Gepflogenheiten rund ums Essen und Trinken hierzulande nicht immer den allerbesten Ruf genießen – übrigens gerade in den letzten Jahren zusehends zu Unrecht –, sind sich doch die meisten Kritiker einig, dass die traditionelle »Teatime« hiervon eine Ausnahme bildet. Diese dient aber auch weniger der reinen Nahrungsaufnahme, sondern gehört vielmehr zum nationalen Kulturgut. Wobei es hierbei wichtig ist, sprachlich präzise zu sein: Denn auf den Britischen Inseln nennt man die kleine Zwischenmahlzeit eher »Afternoon Tea«.

Im *Tante Emma*, das bis vor einigen Jahren noch eine beliebte pfälzische Weinstube beherbergte, lässt sich das insulane Lebensgefühl inmitten der Allgäuer Bergwelt für eine Weile einfangen. Und wem einmal dennoch mehr der Sinn nach kontinentaleuropäischen Köstlichkeiten steht: Bekannt ist das gemütliche Bistro auch für seine selbst gebackenen Kuchen und die knusprigen Flammkuchen.

Im neu angelegten Generationenpark neben dem Kneippbecken im Kurpark stehen Jung und Alt verschiedene Geräte zum Trainieren von Ausdauer und Koordination zur Verfügung.

BRETTER, DIE DIE WELT BEDEUTEN
Skimuseum in Fischen

75

Im Sommer Wandern, im Winter Skifahren. Die Freizeitvergnügen im Allgäu auf diese einfache Formel zu verkürzen, täte der Region mit ihrer vielfältigen Natur und den zahlreichen kulturellen Angeboten bitter Unrecht. Tatsache ist aber, dass im Winter der Skisport Touristen aus ganz Europa – manchmal sogar aus anderen Kontinenten – in den hohen Süden Deutschlands lockt. Und die Einheimischen wissen ohnehin, was sie an ihren Bergen haben. Daher verwundert es nicht, dass im Herzen des Oberallgäus ein offizielles Museum des *Internationalen Ski-Verbandes* (FIS) beheimatet ist – genauer gesagt im malerischen Kurort Fischen.

Im Heimathaus, dem altehrwürdigen Gschwenderhaus aus dem 17. Jahrhundert, sind unzählige Exponate zur Geschichte des Skifahrens ausgestellt. Das Hauptaugenmerk der umfangreichen Sammlung liegt auf dem klassischen Wintersport, insbesondere auf dem Skispringen – Fischen besaß schließlich einmal eine eigene Schanze. Aber auch die jahrtausendealte Entwicklung der oft mühseligen alltäglichen Fortbewegung auf Eis und Schnee – fernab jedes Freizeitvergnügens – wird ausführlich gewürdigt.

Ob indianische Schneeschuhe, Sprungski aus den 1920er-Jahren oder die originale Olympiafahne der Spiele 1968 in Grenoble – an seltenen und gelegentlich reichlich skurrilen Exponaten mangelt es dem Fischinger Skimuseum wahrlich nicht. Doch es sind nicht alleine die herausragenden Einzelstücke, welche die Ausstellung bemerkenswert machen, sondern ebenso die zahlreichen Hintergrundinformationen, die dem Besucher vermittelt werden. Diese durchdachte Präsentation macht das kleine Museum so sehenswert – übrigens auch im Sommer. Wenn man dann nicht gerade beim Wandern ist.

🖈 Im Heimathaus lohnt sich auch der Besuch der Ausstellung über das Wohnen und Leben in Fischen während der vergangenen Jahrhunderte.

FÜR EINEN BESUCH DES EICHHÖRNCHENWALDS PARKEN SIE IN FISCHEN IN DER BAHNHOFSTRASSE ODER AM ANGER UND GEHEN ÜBER DIE GRUNDBACHBRÜCKE UND DAS PARKGELÄNDE IN DEN WALD /// WWW.EICHHOERNCHENWALD-FISCHEN.DE ///

NÄHERE INFORMATIONEN ERHALTEN SIE BEI DER GÄSTEINFORMATION FISCHEN /// AM ANGER 15 /// 87538 FISCHEN /// 0 83 26 / 3 64 60 /// WWW.FISCHEN.DE /// WWW.HOERNERDOERFER.DE ///

BESTECHLICHE NAGER
Eichhörnchenwald in Fischen

76

Schnell sind sie. Für Hobbyfotografen stellen die Eichhörnchen im Weidach, einem Wald hinter den Fischinger Parkanlagen, eine echte Herausforderung dar. Kaum ist die Kamera scharfgestellt, sind die Tiere auch schon wieder verschwunden. Dabei gäbe es einen simplen Trick: mit einer Großpackung Nüsse die kleinen Nager zum Stillsitzen zu überreden.

Die Eichhörnchen im Fischinger Weidach sind zwar scheu, zugleich aber auch meist hungrig, sodass sie sogar aus der Hand fressen. Wer keine Nüsse bei sich hat, kann diese in dem kleinen Supermarkt an der Grundbachbrücke kaufen – Gerüchte, denen zufolge der Laden die Hälfte seines Jahresumsatzes allein mit seinem Nusssortiment bestreitet, haben sich allerdings als weit übertrieben herausgestellt …

Nicht nur mit den tierischen Bewohnern, sondern mit der Geschichte des Auwaldes beschäftigen sich die zwölf *Fischinger Tore*. Diese Informationsstelen aus Nagelfluhgestein sind über vier Kilometer entlang eines Walderlebnisweges postiert und begleiten die Besucher durch den Weidach bis hinauf zum Illerursprung kurz vor Oberstdorf, wo sich Breitach, Stillach und Trettach vereinen. Einen besonderen Service für Sehbehinderte bietet dabei die Möglichkeit, sich die Fakten auf den *Fischinger Toren* per QR- oder Barcode auf dem Smartphone vorlesen zu lassen.

Die meisten Spaziergänger beschränken sich jedoch auf eine kleine Runde durch den Eichhörnchenwald und erfreuen sich an den Begegnungen mit den possierlichen Nagern. Nur manche schauen etwas betrübt drein: meist diejenigen, die eine Kamera um den Hals gehängt haben. Und die sich schwören, nie mehr ohne Nüsse in den Eichhörnchenwald zu gehen.

🖎 Kindheitserinnerungen wachrufen oder mit dem Nachwuchs Spaß haben kann man an der gepflegten Minigolfanlage mit Kiosk direkt zwischen Park und Waldesrand.

HISTORISCHE SÄGE OBERMÜHLE /// MÜHLENSTRASSE 22 ///
87538 FISCHEN /// 0 83 26 / 4 70 ///

NÄHERE INFORMATIONEN ERHALTEN SIE BEI DER GÄSTEINFORMATION
FISCHEN /// AM ANGER 15 /// 87538 FISCHEN /// 0 83 26 / 3 64 60 ///
WWW.FISCHEN.DE /// WWW.HOERNERDOERFER.DE ///

NAH AM WASSER GEBAUT

Historische Säge Obermühle in Fischen

77

Ein wenig versteckt liegt sie hinter dem Gästehaus Miller an der Mühlenstraße in Fischen: die Obermühle am Grundbach. Die Geschichte des historischen Gebäudes reicht weit in die Vergangenheit zurück. Zunächst wohl ab Anfang des 16. Jahrhunderts ausschließlich zum Mahlen genutzt, trieb das große Wasserrad gute 200 Jahre später eine große Säge für den Holzschnitt an. Mit dem Bau des Eisenbahnnetzes im 19. Jahrhundert und der neuen Möglichkeit, bislang unerschlossene Gebiete zu erreichen, stieg der Bedarf an Bauholz rapide an. Die Fischinger Säger konnten sich über mangelnde Arbeit zunächst nicht beschweren.

Doch auch die Obermühle – übrigens nicht zu verwechseln mit der Bad Hindelanger Oberen Mühle – ereilte das Schicksal vieler traditioneller Handwerksbetriebe im Allgäu: Sie wurde irgendwann unrentabel, weil größere, moderne und industriell arbeitende Werke ihr den Rang abliefen. 1970 stand das Wasserrad schließlich endgültig still.

Mitte der 1980er-Jahre besannen sich die Gemeinde und einige Fischinger Bürger wieder des historischen Baus an der Mühlenstraße. Die traditionsreiche Säge wurde wieder instand gesetzt und kann seitdem von interessierten Einheimischen und Touristen während informativer Führungen in Augenschein genommen werden. Eines fasziniert dabei heutige Besucher ebenso wie die Säger vor rund 500 Jahren: welche enorme Kraft ein solch kleiner Strom wie der Grundbach entwickeln kann.

🐟 Der Grundbach ist wegen seiner Forellen und Saiblinge auch bei Anglern beliebt. Saison ist von Mitte April bis Mitte September (mit Angelkarte).

UM DIE STURMANNSHÖHLE ZU ERREICHEN, FOLGEN SIE VON OBERMAISELSTEIN DER STRASSE AM SCHEID UND DANN DER STRASSE HAUBENEGG BIS ZUM KASSENKIOSK. ALTERNATIV PARKEN SIE AM HAUS DES GASTES /// AM SCHEID 18 /// 87538 OBERMAISELSTEIN

NÄHERE INFORMATIONEN ERHALTEN SIE BEI TOURISTINFORMATION OBERMAISELSTEIN /// AM SCHEID 18 /// 87538 OBERMAISELSTEIN /// 0 83 26 / 2 77 /// WWW.OBERMAISELSTEIN.DE /// WWW.HOERNERDOERFER.DE ///

SAGENHAFTES GETÖSE

Sturmannshöhle bei Obermaiselstein

78

Höhlen gibt es in einer alpinen Region wie dem Oberallgäu natürlich viele. Aber die Sturmannshöhle am Schwarzenberg bei Obermaiselstein ist die einzige, die einer breiten Öffentlichkeit zugänglich ist – und das bereits seit dem Jahr 1905.

Erstmals urkundlich erwähnt wurde diese sogenannte Spalthöhle im Jahr 1815. Und auch wenn uns die Zeit, die seit diesem ersten schriftlichen Nachweis vergangen ist, bereits relativ lang vorkommen mag, ist sie doch kaum mehr als der viel zitierte Wimpernschlag der Geschichte: Denn die Sturmannshöhle existiert bereits seit über 100 Millionen Jahren.

Welche enormen tektonischen Kräfte während der Auffaltung der Alpen bei ihrer Entstehung am Werke gewesen sein müssen, können sich Interessierte bei einer Führung durch das Gestein gut vorstellen. Unbeeindruckt wird dieses Naturdenkmal bestimmt niemanden lassen. Besucher dringen auf gesicherten Wegen und Treppen knapp 300 Meter weit in den Berg hinein und überwinden dabei gute 70 Meter Höhenunterschied bis hinunter zur unteren Etage über dem rauschenden Höhlenbach. Ein Fehler sollte dem ungeübten Höhlenwanderer dabei allerdings nicht unterlaufen: sich allzu luftig zu kleiden. Denn in der Obermaiselsteiner Höhle herrschen zu allen Jahreszeiten knackige vier bis acht Grad.

Benannt wurde die Sturmannshöhle nicht, wie man vermuten könnte, nach ihrem Entdecker oder einem Höhlenforscher. Vielmehr scheint sich die Bezeichnung vom mittelhochdeutschen »Sturmatz« herzuleiten, was mit »Lärm« oder »Getöse« übersetzt werden kann – und wohl auf das lautstarke Rauschen des Höhlenbachs hindeutet.

🖎 An der Straße nach Tiefenbach beginnt an der felsigen Engstelle *Hirschsprung* (Parkplatz) der Obermaiselsteiner Sagenweg, über den man ebenfalls zur Höhle gelangen kann.

HOLZKAPELLE SANKT ANNA /// ROHRMOOS ///
87561 OBERSTDORF-ROHRMOOS (ANFAHRT NUR ÜBER MAUTSTRASSE) ///
WWW.KATHOLISCHE-KIRCHE-OBERSTDORF.DE ///

BERGGASTHAUS ROHRMOOS /// ROHRMOOS 5 ///
87561 OBERSTDORF-ROHRMOOS (ANFAHRT NUR ÜBER MAUTSTRASSE) ///
0 83 22 / 44 17 /// WWW.ROHRMOOS.DE ///

SO FERN UND DOCH SO NAH

Holzkapelle Sankt Anna bei Oberstdorf

79

Es ist ein weiter Weg von Oberstdorf in das lang gestreckte Seitental nach Rohrmoos. Viele Menschen bewältigen die gut elf Kilometer mit dem Fahrrad, manche, um nach einer Rast zu weiteren Touren gen Österreich aufzubrechen. Mit dem Auto gelangt man über eine mautpflichtige Straße bis hierher. In dem Weiler befindet sich ein außergewöhnliches historisches Gebäude, das für viele Menschen das Ziel ihrer Reise in diesen abgeschiedenen Winkel darstellt: die kleine Sankt-Anna-Kapelle.

Als älteste Holzkapelle Süddeutschlands gilt das Gotteshaus, das Truchsess Jakob von Waldburg im Jahr 1586 erbauen ließ. Das Haus Waldburg war ein schwäbisches Adelsgeschlecht, dessen Stammsitz die gleichnamige Festung in Oberschwaben bildete und das im Laufe der Geschichte in mehrere Linien zerfallen sollte. In der Kapelle erinnert im Chorbogen heute noch ein Wappen an die einstige Stifterfamilie.

Sankt Anna ist zum einen wegen ihrer Holzbauweise, zum anderen aber auch wegen der Malereien aus dem Jahr 1587 im Inneren bekannt. Diese zeigen Stationen aus dem Leben der Gottesmutter Maria sowie Szenen des Jüngsten Gerichts mit teilweise recht martialischen Darstellungen. Eine weitere Besonderheit bildet der ausladende Flügelaltar, in dessen Zentrum die Golgotha-Szenerie steht, während auf den Seitenflügeln die Anbetung des Jesuskindes durch die Hirten beziehungsweise durch die heiligen drei Könige zu sehen ist.

Das letzte Mal restauriert wurden die Malereien zur 400-Jahr-Feier im Jahr 1987 – was ihrem historischen Reiz jedoch keinen Abbruch tat. Denn nicht umsonst lockt die Kapelle Sankt Anna Tag für Tag zahlreiche Besucher ins beschauliche Rohrmoos.

🏵 In unmittelbarer Nachbarschaft befindet sich das bekannte Berggasthaus, einer der früheren vier Höfe, die den 1361 erstmals urkundlich erwähnten Weiler Rohrmoos bildeten.

NATURDENKMAL BREITACHKLAMM /// KLAMMSTRASSE 47 ///
87561 OBERSTDORF-TIEFENBACH /// 0 83 22 / 98 76 70 ///
WWW.BREITACHKLAMM.COM ///

GASTHOF WALSERSCHANZ /// WALSERSCHANZ 2 ///
A-6991 MITTELBERG-RIEZLERN /// 00 43 / 55 17 / 53 59 ///

VOM EISE BEFREIT

Breitachklamm bei Oberstdorf

80

Eigentlich erscheinen 10.000 Jahre gar nicht mal so lang. Denn diese vermeintlich kurze Zeit soll es nur gedauert haben, bis die Natur sich das gewaltige Denkmal bei Oberstdorf geschaffen hat. Die Breitachklamm in der Nähe des Ortsteils Tiefenbach bildet heute zweifellos einen touristischen Höhepunkt im Allgäu, eine Attraktion, die bei keiner Reise fehlen darf. Jährlich durchwandern rund 300.000 Menschen die tiefste Felsenschlucht Mitteleuropas und besuchen das Dokumentationszentrum am Einstieg, in dem auch die Ausstellung der *Bergschau 830* zu sehen ist (nach der Anzahl der Höhenmeter vor Ort benannt).

Entstanden ist die tiefe Schlucht in der letzten großen Eiszeit im Alpenraum, der sogenannten Würmzeit, benannt nach dem einzigen Abfluss des Starnberger Sees, dessen Entstehung beispielhaft für diese Epoche ist. In Oberstdorf trennten damals gewaltige Gletscherbewegungen weiches Felsmaterial von härteren Strukturen. Als die Eismassen schließlich schmolzen, grub sich die Breitach ihren Weg durch das entstandene Bett und vertiefte die Klamm Stück für Stück.

Für den Tourismus erschlossen wurde die Schlucht im Jahre 1905 auf Initiative des Tiefenbacher Pfarrers Johannes Schiebel. Mit Gottvertrauen, einer gehörigen Portion Sturheit und dem Geld einer eigens gegründeten Genossenschaft gelang es dem Geistlichen, seine Vision zu verwirklichen und das Naturwunder der Öffentlichkeit zugänglich zu machen.

✐ Eine Wanderung durch die Breitachklamm kann man alternativ am oberen Einstieg im Kleinwalsertal beginnen. Die Bergkasse liegt in der Nähe des Gasthauses Walserschanz.

HAUS BONATZ DER A.-M.-MILLER-STIFTUNG /// KORNAU 51 ///
87561 OBERSTDORF-KORNAU /// 0 83 22 / 94 02 66 ///
WWW.VILLA-JAUSS.DE/MILLERHAUS ///

SÖLLERECKBAHN TALSTATION /// KORNAU-WANNE 8 ///
87561 OBERSTDORF // 0 83 22 / 9 87 56 ///
WWW.OK-BERGBAHNEN.COM ///

ZWEITE HEIMAT

Haus Bonatz der A.-M.-Miller-Stiftung bei Oberstdorf

81

Hoch oben im Oberstdorfer Ortsteil Kornau steht ein bemerkenswertes Haus. Es wurde so stark von zwei Besitzern geprägt, dass heute sogar eine Ausstellung an die beiden erinnert.

Da wäre zum einen der berühmte Architekt Paul Bonatz, der unter anderem für den Bau des alten Stuttgarter Bahnhofs – also vor den Stuttgart-21-Plänen – verantwortlich zeichnete. Im Jahr 1936 errichtete er das Gebäude in Kornau als Ferienhaus für seine Familie. Heute beherbergt es eine Ausstellung zu seinem Lebenswerk, seiner Beziehung zu Oberstdorf und speziell zu Kornau.

Zum anderen bewohnte ab 1953 der Lehrer und Heimatdichter Arthur Maximilian Miller mit seiner Frau Magdalena den Bonatz-Bau. Vor allem in seinem Ruhestand diente er dem Pädagogen als Arbeitsstätte für sein literarisches Schaffen. Nach seinem Tod im Jahr 1992 übernahm der Bezirk Schwaben Millers Nachlass und rief für den Erhalt des Dichterhauses eigens eine Stiftung ins Leben.

Eine Sammlung im Gebäude illustriert das kreative und persönliche Leben des vielseitig begabten Arthur Maximilian Miller. Neben zahlreichen Romanen, Novellen, Erzählungen, Biografien und Gedichten gehören über 700 Scherenschnittarbeiten zu seinem Werk, mit denen er regelmäßig kleine und große Besucher bei seinem »Schattentheater« unterhielt. Zudem hinterließ der Künstler etliche Öl- und Aquarellgemälde. In Kornau sind die Arbeits- und Wohnräume Millers – größtenteils im Originalzustand erhalten – zu besichtigen.

Heutzutage sorgen die ehrenamtlichen Mitglieder der *Initiative Villa Jauss* aus Oberstdorf dafür, dass das Haus und vor allem das Lebenswerk von Miller und Bonatz nicht in Vergessenheit geraten.

✐ Unterhaltung anderer Art bietet die Söllereckbahn auf der anderen Seite der B 19, unter anderem mit ihrer rasanten Sommerrodelbahn.

KULTUR IN BESTLAGE

Kunsthaus Villa Jauss in Oberstdorf

82

Die Villa Jauss im Oberstdorfer Fuggerpark ist eines dieser Gebäude, die man gemeinhin als »altehrwürdig« bezeichnet. Errichten ließ es der Brauereibesitzer und Gastronom Melchior Jauss im Jahr 1895, der es lange mit seiner Familie bewohnen sollte.

Der Stil des herrschaftlichen Hauses ist deutlich von der Architektur jenseits der Alpen geprägt. Jauss hielt sich in den Sommermonaten öfter in Südtirol auf und ließ sich offensichtlich von der dortigen Bauweise inspirieren. Nachdem Jauss 1935 verstorben war, lebten seine Angehörigen noch eine Weile in der Villa. Im Jahre 1961 kaufte schließlich die Stadt Oberstdorf das Gebäude und vermietete es bis Mitte der 1990er-Jahre an ortsansässige Familien.

Zu einem Treffpunkt für Kunst- und Kulturschaffende aller Couleur wurde das noble Haus mit der Gründung der *Initiative Villa Jauss*, die es ab 1997 unter großer ehrenamtlicher Eigenleistung und mit hohem finanziellen Aufwand Schritt für Schritt umfangreich sanierte. Heute gilt die Villa Jauss als kulturelles Aushängeschild der Stadt Oberstdorf. Die Einrichtung bringt Schaffende der bildenden Kunst, Literatur, Musik und Architektur sowie der Fotografie und Videokultur mit ihrem Publikum zusammen. Zudem bildet sie des Öfteren den gebührenden Rahmen für Festlichkeiten, und auch Hochzeitspaare nutzen die schmucken Räumlichkeiten für ihr Eheversprechen.

Als Ort der Zusammenkunft erweist sich der Standort der Villa ideal: umgeben von einem eigenen Park, zugleich zentral gelegen, sodass die Ortsmitte zu Fuß in ein paar Minuten erreichbar ist. Einen besseren Platz hätte er damals wirklich kaum wählen können, der Gastronom Jauss, für dieses schöne, altehrwürdige Gebäude.

🖉 Ebenfalls nur ein paar Gehminuten entfernt liegt das kleine, aber feine Kurfilmtheater, das mit seinen originalen roten Samtsesseln bei Kinofreunden nostalgische Gefühle wachruft.

BERGSCHAU 813 – ALTES RATHAUS /// MARKTPLATZ 1 ///
87561 OBERSTDORF /// 0 83 22 / 95 94 84 /// WWW.BERGSCHAU.COM ///

HEIMATMUSEUM OBERSTDORF /// OSTSTRASSE 13 ///
87561 OBERSTDORF /// 0 83 22 / 54 70 ///
WWW.HEIMATMUSEUM-OBERSTDORF.DE ///

VON GRUND AUF

»Bergschau 813« in Oberstdorf

83

In großen Lettern steht es auf der Fassade des Alten Rathauses in der Ortsmitte: »Bergschau«. Doch die gibt es nicht nur in Oberstdorf. Vielmehr existieren in der Region gleich vier *Bergschau-Zentren*: Hier im »Flachland« auf 813 Metern, an der etwas höher gelegenen Breitachklamm bei Tiefenbach auf 830 Metern, im Walserhaus in Hirschegg im Kleinwalsertal auf 1.122 Metern und schließlich auf der Fellhorn-Gipfelstation auf 2.037 Metern. Alle diese Stationen stellen für Besucher die geologischen Gegebenheiten, die Tier- und Pflanzenwelt sowie die Rolle des Menschen im alpinen Raum anschaulich dar – jede auf ihre individuelle Weise.

In Oberstdorf umfasst die Schau einen Raum, in dem ein riesiges Reliefmodell, gesäumt von beleuchteten Schaubildern, die heimische Bergwelt dreidimensional abbildet. Interaktive Bedienelemente vermitteln geologische Hintergründe und wertvolles Wissen rund um die Naturgeschichte der Alpen.

Neben den vier Zentren erläutern diverse *Bergschau-Infopunkte* – etwa am Freibergsee, an der Stillach oder am Ifen – mit Schautafeln unter freiem Himmel die einzelnen Naturphänomene. Wie die *Bergschau-Wege*, die sich für ausgiebige Wanderungen eignen, reichen die *Infopunkte* von Oberstdorf bis weit in das benachbarte Kleinwalsertal hinein. So lässt sich Stück für Stück die alpine Umgebung zu Fuß durch neues Wissen erkunden – den Anfang macht die *Bergschau 813* im Alten Rathaus in Oberstdorf.

✎ Unter anderem der größte Bergschuh der Welt kann im Oberstdorfer Heimatmuseum besichtigt werden.

SIE ERREICHEN DIE SEELENKAPELLE ÜBER DIE PRINZENSTRASSE (RICHTUNG MARKTPLATZ) ODER ÜBER DIE OSTSTRASSE IN UNMITTELBARER NACHBARSCHAFT DER PFARRKIRCHE SANKT JOHANNES /// 87561 OBERSTDORF ///

WEITERE INFORMATIONEN ERHALTEN SIE VON DER TOURISTINFORMATION OBERSTDORF /// PRINZREGENTEN-PLATZ 1 /// 87561 OBERSTDORF /// 0 83 22 / 70 00 /// WWW.OBERSTDORF.DE ///

IN FRIEDEN RUHEN

Seelenkapelle auf dem alten Friedhof in Oberstdorf

84

Die kleine Seelenkapelle in unmittelbarer Nähe der mächtigen Pfarr-kirche St. Johannes, eingerahmt von einigen Bäumen, ist eines der ältesten Gebäude im Oberstdorfer Ortskern. Sie gehört zu den we-nigen Bauten, die vom verheerenden Großbrand im Jahre 1865 ver-schont blieben.

Das Gotteshaus aus dem späten 15. Jahrhundert steht auf dem ehemaligen, längst ausgelassenen Friedhof der Gemeinde. 1524 wur-de es zum ersten Mal als Beinhaus erwähnt, ab Mitte des 16. Jahrhun-derts dann als Totenkapelle geführt. Ungefähr aus dieser Zeit stam-men auch die kunstvoll gearbeiteten Skulpturen und Malereien an der Nordseite. Sie zeigen den Leidensweg Jesu und wurden teilweise in recht tiefe Nischen eingearbeitet – was einen starken plastischen Ef-fekt hervorruft.

Eher martialisch wirken im Gegensatz dazu die beiden gemei-ßelten Soldaten, die den Eingang an der Westseite bewachen. In ihren Augen meint man eine Spur von Traurigkeit zu erkennen, schließlich dient das Gotteshaus seit 1931 als Gedächtniskapelle zum Andenken an die Opfer von Krieg und Gewalt.

Den gewölbten Innenraum dominiert eine in den 1940er-Jah-ren geschaffene Pietà, eine Darstellung der trauernden Maria mit dem Leichnam Jesu. Eine schlichte Holzstele erinnert des Weiteren an den Jesuitenpater Rupert Mayer, den »Apostel Münchens«, der 1987 von Papst Johannes Paul II. seliggesprochen wurde.

Eingerahmt wird das ehemalige Friedhofsgelände von einem Mäuerchen an der Längsseite und im Süden von einem offenen Ge-wölbegang, dem sogenannten Ablass, der Szenen aus dem Kreuzweg darstellt.

☞ Auch die angrenzende Pfarrkirche Sankt Johannes ist einen Besuch wert und zudem mit ihren 66 Metern Höhe ein guter Orientierungspunkt.

ZUR HEINI-KLOPFER-SKIFLUGSCHANZE FAHREN SIE BIS ZUM PARKPLATZ AM LANGLAUFSTADION RIED /// BIRGSAUER STRASSE 35 /// 87561 OBERSTDORF /// AB HIER FÜHRT EIN BESCHILDERTER FUSSWEG ENTLANG DER STILLACH ZUR SCHANZE ///

WEITERE INFORMATIONEN ERTEILEN DIE SPORTSTÄTTEN OBERSTDORF /// ROSSBICHLSTRASSE 2–6 /// 87561 OBERSTDORF /// 0 83 22 / 70 05 10 /// WWW.SKIFLUGSCHANZE-OBERSTDORF.DE ///

ADLER ÜBERM ALLGÄU

Heini-Klopfer-Skiflugschanze bei Oberstdorf

85

Wer in Oberstdorf nach dem Weg zur Schanze fragt, der macht es sich ein wenig zu einfach. Es gibt nämlich zwei derartige Anlagen. Auf der B19 aus nördlicher Richtung kommend, sieht man bereits von Weitem am Ortsrand die beiden Skisprungtürme der berühmten Schattenbergschanze. Sie ist als Austragungsort der *Vierschanzentournee* bekannt, die auf dem größeren ihrer Türme stattfindet. Seit 2004 liegen ihre Namensrechte bei einer großen Brauerei aus dem Münchner Umland.

Oberstdorfs zweite Schanze liegt etwas außerhalb am Freibergsee. Die nach dem Architekten des Vorgängerbaus benannte Heini-Klopfer-Schanze gilt als eine der größten der Welt. Als *Skiflug*-Anlage unterscheidet sie sich von der *Skisprung*-Anlage am Schattenberg nicht nur begrifflich: Beim Skifliegen lassen sich wesentlich größere Weiten erzielen als beim Skispringen.

In erster Linie ist es jedoch ihre Bauart, welche die Heini-Klopfer-Schanze so einzigartig macht: Der frei stehende, schräge Schanzenkopf kommt ohne jede vertikale Stütze aus, er scheint nahezu in der Luft zu schweben. Nicht umsonst wird die gewagte Konstruktion des 2012 verstorbenen einheimischen Architekten Claus-Peter Horle auch der »Schiefe Turm von Oberstdorf« genannt.

Heini Klopfers ursprüngliche Anlage von 1950 entstand noch in Holzbauweise, der heutige Anlaufturm wurde im Jahr 1973 errichtet. Im Laufe der Jahre wurde die Schanze wiederholt modernisiert. Nach einer Generalsanierung 2016 und 2017 steht sie nun wieder der internationalen Elite des Skifliegens für neue Rekordversuche zur Verfügung.

🎿 Neben neun anderen Loipen in und um Oberstdorf bietet die ehemalige WM-Strecke am Fuße der Schanze beste Bedingungen für anspruchsvolle Langläufer.

UM NACH GERSTRUBEN ZU GELANGEN, NEHMEN SIE DEN GRUBENWEG IN OBERSTDORF IN RICHTUNG GOTTENRIED. LINKS ZWEIGT DIE GERSTRUBER STIEGE ZUM VERLASSENEN BERGDORF AB (STRASSE NACH GERSTRUBEN FÜR AUTOS GESPERRT).

NÄHERE INFORMATIONEN ERHALTEN SIE BEI DER TOURISTINFORMATION OBERSTDORF /// PRINZREGENTEN-PLATZ 1 /// 87561 OBERSTDORF /// 0 83 22 / 70 00 /// WWW.OBERSTDORF.DE ///

EINSAM, ABER NICHT ALLEIN
Verlassenes Dorf Gerstruben bei Oberstdorf

86

Manchmal fällt es an einem schönen Sommertag schwer, sich das einstige einsame Leben im abgelegenen Gerstruben vorzustellen. Die eng gewundene, für Autos gesperrte Straße führt in der Urlaubszeit etliche Wanderer und Fahrradfahrer hinauf in das heute verlassene Bergdorf, das mittlerweile nur noch aus vier Häusern, einer Kapelle und einer Sägemühle besteht. Über dem Örtchen thront der Berggasthof, der auf dem Grundstück eines 1953 abgerissenen Gebäudes errichtet wurde.

Zu Beginn des 19. Jahrhunderts umfasste Gerstruben noch insgesamt elf Bauernhäuser. Über Jahrhunderte fristeten die Bewohner ein mühsames Dasein in der Abgeschiedenheit der Berge. Sie betrieben in erster Linie Alpwirtschaft mit Viehzucht und Ackerbau, wozu im Mittelalter ebenfalls der Anbau von Getreide zählte. Der vordere Teil des 1361 erstmals urkundlich erwähnten Ortsnamens verweist nicht von ungefähr auf die zum Überleben erforderliche Gerste. Der lokale Begriff »Ruben« hingegen bezeichnet einen sogenannten Murkegel. Diese Ablagerungen einer Mure wurden in den Alpen häufig zum Siedlungsbau genutzt, um Überschwemmungen im Tal zu entgehen.

Ab Mitte des 19. Jahrhunderts begann in Gerstruben – wie in vielen Dörfern des Allgäus – die Abwanderung der ansässigen Familien, die sich schließlich in den größeren Gemeinden der Umgebung niederließen. Endgültig besiegelt wurde das Schicksal der Siedlung 1892 durch den geplanten Bau eines Speichersees am nahen Dietersbach. Die Kraftwerksgesellschaft übernahm kurzerhand die letzten bestehenden Häuser – und musste später aus wirtschaftlichen Gründen doch wieder von ihrem Vorhaben abrücken. Weswegen das beschauliche Gerstruben heute noch besucht werden kann.

   Wählt man beim Abstieg die anspruchsvollere Route über den Hölltobel, wird der eifrige Wandersmann mit einem grandiosen Ausblick auf die tiefe Klamm und den spektakulären Wasserfall belohnt.

SIE ERREICHEN DEN CHRISTLESSEE ÜBER DEN GRUBENWEG ODER DIE
BURGSTALLSTEIGE IN OBERSTDORF. FOLGEN SIE DEM TRETTACHTAL IN
RICHTUNG GOTTENRIED (STRASSE FÜR AUTOS GESPERRT) ///
IM SOMMER FAHREN BUSSE VON OBERSTDORF NACH SPIELMANNSAU
MIT HALTESTELLE AM SEE.

NÄHERE INFORMATIONEN ERHALTEN SIE BEI DER TOURISTINFORMATION
OBERSTDORF /// PRINZREGENTEN-PLATZ 1 /// 87561 OBERSTDORF ///
0 83 22 / 70 00 /// WWW.OBERSTDORF.DE ///

SEIN BLAUGRÜNES WUNDER ERLEBEN

Christlessee bei Oberstdorf

87

Es sind gleich mehrere Phänomene, die den Christlessee südlich von Oberstdorf auszeichnen. Da wäre zunächst einmal seine faszinierende Färbung. Wobei der Singular des Wortes auf die falsche Fährte führt: Das kleine Gewässer zeigt stets aufs Neue vollkommen andere Schattierungen von Grün und Blau. Und diese sind buchstäblich auf die gleiche Quelle zurückzuführen wie die zweite Besonderheit des Sees: seine Temperatur. Im Sommer ist das Wasser eindeutig zu kalt zum Baden, im Winter hingegen deutlich zu warm, um einzufrieren.

Der Grund für beide außergewöhnlichen Eigenheiten ist derselbe: Gespeist wird der Christlessee von einigen Karstquellen auf seinem Grund. Deren frisches Wasser trifft auf das wärmere in den höheren Sphären und erzeugt dadurch die bizarren Farbspiele. Durch diese stete Durchmischung beträgt die Temperatur unabhängig von der Jahreszeit immer ungefähr vier bis sechs Grad.

Womit auch ein drittes Rätsel gelöst wäre: Warum auf dem Grund noch heute alte Baumstämme zu sehen sind, die bereits im frühen 20. Jahrhundert als Motiv für Gemälde und Postkarten dienten. Die niedrige Temperatur des Wassers in Verbindung mit einer seltenen Nährstoffarmut hat das Holz konserviert.

Weniger spektakulär ist der etymologische Ursprung des Christlessees. Er wurde im 18. Jahrhundert nach einem seiner Besitzer namens Christian benannt. Doch der Gebirgssee bezaubert zu sehr durch seine überwältigende Schönheit und Einzigartigkeit, als dass dieser wenig originelle Hintergrund sein Wässerchen trüben könnte.

⌀ Einen besseren Standort für ein Café und ein Hotel als den Christlessee kann man sich kaum vorstellen. Gut, dass es beides hier oben gibt.

Original Bilgeri
Skiplakat ca. 1912

KARNEVAL in WEISS

Die Pionierzeit des Skilaufes
...es begann im Jahre 189...

Bitte nicht
berühren!

Schibekleidung

WO DAS ALLGÄU KEIN ENDE FINDET
Walserhaus in Hirschegg im Kleinwalsertal

88

Wer als Tourist ins Oberallgäu kommt, hat oft zugleich das Kleinwalsertal ins Auge gefasst. Denn obwohl dieses zum österreichischen Vorarlberg gehört, ist die Gegend ausschließlich über eine Straße von Oberstdorf aus zu erreichen – und somit quasi die geografische Verlängerung des bayrisch-schwäbischen Landkreises Oberallgäu.

Von drei Seiten umschließen die Hochalpen das Tal mit seiner Gemeinde Mittelberg, die sich aus drei Ortschaften zusammensetzt: Riezlern, Hirschegg und Mittelberg selbst, zu dem auch das bekannte Bergdorf Baad gehört. Umsäumt und geschützt von etlichen Zweitausendern wie dem Hohen Ifen, dem Großer Widderstein oder dem Fellhorn zieht sich die schmale Senke entlang der Breitach.

Als zentraler Ort für Kulturveranstaltungen aller Art dient das Walserhaus in Hirschegg. Neben den beiden großen Sälen und diversen Seminarräumen beherbergt das Gebäude unter anderem das Tourismusbüro, das *Bergschau-Zentrum 1.122* (benannt nach den Höhenmetern vor Ort) und eine sehenswerte historische Wintersportsammlung. Vor dem in einer Symbiose aus klassischen und modernen Elementen gehaltenen Bau mit seiner mächtigen Glasfront befindet sich der Dorfplatz, auf dem der Hirschegger Wochenmarkt und diverse Festivitäten stattfinden.

Seinen Namen verdankt das Walserhaus – wie das gesamte Tal – einer alemannischen Volksgruppe, die sich im 13. Jahrhundert aus dem Gebiet des heutigen Kantons Wallis aufmachte und die Region besiedelte. Heutzutage lebt der Großteil der knapp 5.000 Einwohner in erster Linie von den Touristen – die immer wieder gerne die Straße von Oberstdorf zu den österreichischen Nachbarn nehmen.

☞   Neben vielen anderen Naturdenkmälern gehört die bizarre Karstlandschaft des Gottesackerplateaus in der Nähe des Hohen Ifen zu den herausragenden Sehenswürdigkeiten des Kleinwalsertals.

LIEBLINGSPLÄTZE

AUF EINEN BLICK

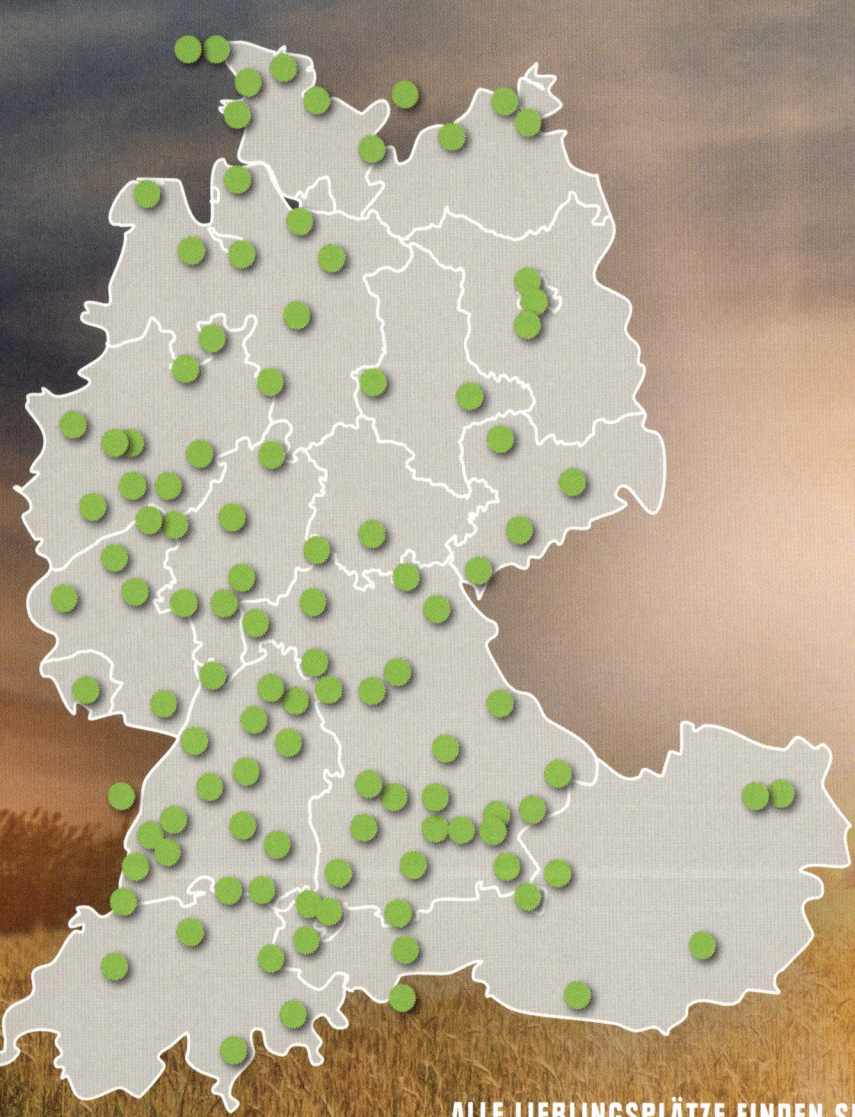

ALLE LIEBLINGSPLÄTZE FINDEN SIE
UNTER WWW.GMEINER-VERLAG.DE

Brunner,
Schattenklamm
978-3-8392-1852-5

Brunner,
Schonfrist
978-3-8392-2103-7

Spatz,
Alpendöner
978-3-8392-1028-4

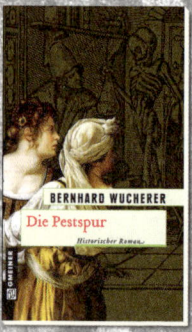

Spatz,
Alpenlust
978-3-8392-1063-5

Wucherer,
Der Peststurm
978-3-8392-1350-6

Wucherer,
Die Pestspur
978-3-8392-1264-6

GMEINER | SPANNUNG

WWW.GMEINER-VERLAG.DE

Wir machen's spannend